어웨이크닝

임완수
한기호
지 음

어웨이크닝

기술로 사람과
사람을 잇는
커뮤니티
매핑 이야기

Awakening

북바이북

▲ 2011년, 서울시가 주최했던 '시민과 소통하는 커뮤니티매핑'이란 강연에서의 임완수 박사.

▲ 2012년, 아임소시오 프로젝트에 함께했던 학생들과 임완수 박사.
▼ 2016년, 구글 임팩트 챌린지에서 우승한 뒤 트로피를 들고 있는 모습.

▲ 미국 뉴저지 뉴브런스윅에서 커뮤니티매핑을 하고 있는 럿거스 대학교의 학생들.

◀ 2018년, 성균관대학교 대학원 학생들과 같이했던 장애인 커뮤니티매핑 활동.

▼ 서울시 강북구 삼양초등학교 학생들과
커뮤니티매핑을 하는 도중의 모습.

▲ 자원봉사자들이 함께하는 마포구 도시공원 커뮤니티매핑.

▼ 서울시 강북구 삼양초등학교 학생들과 교실에서 커뮤니티매핑에 관해 공부하는 모습.

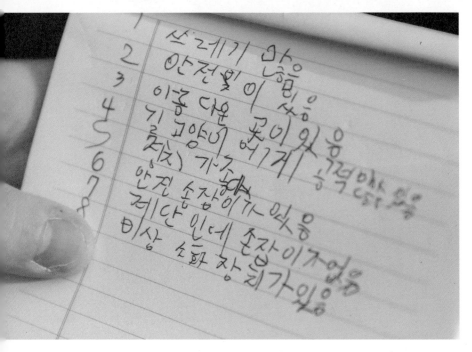

▲ 삼양초등학교 학생들이 '동네한바퀴'를 돌면서 느낀 점을 적은 노트.

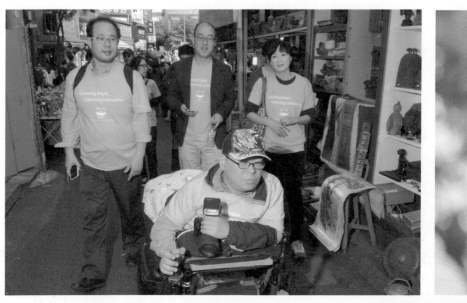

▲ 장애인접근성 관련 다양한 커뮤니티매핑 프로젝트의 현장 모습.

▲ 대전시에서 장애인접근성 커뮤니티매핑을 하고 있는 활동가와 자원봉사자들.

▼ 서울 지하철 홍대입구역 내에서 미세먼지를 측정하는 송내고 자원봉사자들.

▼ 커뮤니팅매핑센터에서 미세먼지 측정기를 만드는 송내고 자원봉사자들.

◀ 커뮤니티매핑센터에서 만든 냄새 측정기를 사용 중인 자원봉사자들.
▲ 해 질 녘 마곡 지역에서 냄새측정기를 사용 중인 자원봉사자들.
▶ 커뮤니티매핑센터에서 다양한 방법으로 만들어본 미세먼지 측정기.

◀▲ 2019년, 독립운동 순렛길 커뮤니티매핑 '역사길모이' 현장이 담긴 사진들. 3.1운동 및 임시
정부 수립 100주년을 맞이하여 기억되어야 할 대한민국 독립의 역사가 대중에게 기억되고 보
존되도록 시민 참여와 주도로 독립운동 정보 온라인 지도를 구축한 사업이다. '역사길모이' 앱
을 통해 기억되어야 할 우리 역사를 미션 해결 방법으로 체험하고 그 의미를 되돌아보게 하는
역사 탐방 프로그램이었다.

▲ 장애인 편의시설 커뮤니티매핑을 진행한 뒤, 참가자가 남긴 소감.

2장_ 위험을 매핑하다

3장_ 아름다움을 매핑하다

기술의 발달은 일자리를 사라지게 만들고 있습니다. 하나의 애플
리케이션(앱)이 등장하면 수많은 사람의 일자리가 한꺼번에 사라
지곤 했습니다. 이른바 '테크놀로지 실업'입니다. 이런 상황에 많
은 이들이 힘겨워하고 있습니다. 특히 고성장을 한 번도 경험하지
못하는 젊은이들이 불안한 미래로 인해 어찌할 바를 몰라 전전긍
긍하고 있습니다. 좋은 대학을 나오고 좋은 일자리를 차지하는 것
만으로는 근원적인 해결책이 되지 못한다는 것을 깨닫는 이들이
점점 늘어나면서 많은 사람들이 방황하고 있습니다. 물론 새로운
일자리가 만들어지기도 하지만 아직은 사라지는 속도를 따라잡지
못하는 실정입니다. 이런 일의 종착점은 어떤 모습일까요?

　2017년 서울대 유기윤 교수팀이 발표한 '2090 미래 도시 연구
보고서'는 2090년에는 크게 4계급의 인간이 살게 될 것으로 예측
했습니다. 1계급은 페이스북이나 구글처럼 플랫폼 기술을 소유한
기업인들, 2계급은 이런 플랫폼을 활용해 대중에게 큰 영향력을
미치는 유명인들로 정치인·연예인·스포츠 스타 등 공인들입니다.

3계급은 사회 전반의 일자리를 대체하고, 오히려 인간에게 명령을 내리는 관리자 역할을 할 가능성이 높은 인공지성입니다. 4계급은 단순 노동자로 전락하거나 마땅한 일자리 없이 기본 소득으로 살아가는 처지에 놓일 일반인입니다. 이 보고서는 1계급은 0.001%, 2계급은 0.002%, 4계급은 99.997%로 구성될 것이라고 예상했습니다. 절대다수의 인간이 비극적인 처지로 전락할 것이라는 예측이었습니다.

과연 그런 세상이 올까요? 지금까지 우리는 이런 예측을 부정하지 못했습니다. 미래학자 토머스 프레이도 "인공지능의 등장으로 2030년엔 전 세계에서 20억 명의 일자리가 사라지고 불평등이 더욱 심해질 것"이라고 전망했으니 마냥 그렇지 않다고 부인하기만 하는 것은 어쩌면 현실도피일지도 모릅니다. 이미 스마트폰이 인공지능의 첨병 혹은 전도자로서 역할을 자임하고 있습니다. 그래서 인공지능에 밀린 인간의 가치는 계속 낮아지면서 결국 인간은 스스로 존재감을 느끼지 못하는 디스토피아가 도래할 수도 있다는 것을 배척하지 못했습니다.

절대다수의 인간은 새로운 기술이 등장할 때마다 불안에 떨어야 했습니다. 디지털 기술 또한 다르지 않습니다. 언제나처럼 기술결정론이 우리를 불안에 떨게 했습니다. 디지털 기술이 등장하자마자 초연결사회가 되어 극단적인 양극화가 이루어지는 매우 불평등한 사회가 될 것이라는 담론이 우리를 괴롭힌 것은 맞습니다. 인간은 절대다수가 빈곤에서 헤어나지 못할 것이라는 예측은 기정사실이 되는 듯했습니다.

그런 사회는 진정 우리가 원한 세상일까요? 아닐 것입니다. 그리고 기술을 개발하거나 운용하는 것은 인간입니다. 인류 5,000년의 역사에서 무수한 기술이 탄생했지만 인간이 기술에 종속된 적은 한 번도 없습니다. 인간은 언제나 기술을 인간에게 유리한 방향으로 한 단계 업그레이드해왔습니다. 모든 기술은 선과 악, 은총과 저주라는 양면성이 있는 양날의 검이기 마련인데 인간은 늘 기술의 긍정성을 키워왔습니다. 21세기 초에 디지털 기술이 발달하며 종이책이 전자책으로 곧바로 대체될 것이라는 주장이 있었지만 종이책은 디지털의 장점을 수용해 새로운 종이책으로 거듭나 새로운 가능성을 열어가고 있습니다. 물론 전자책의 영역도 점차 넓어지고 있습니다.

어떤 기술은 인류의 크나큰 불행을 초래하기도 했습니다. 하지만 기술이란 결국 사람이 개발해서 활용하는 것이고, 어떻게 개발하거나 사용하느냐에 따라 인간의 행복과 불행이 결정되곤 했습니다. 디지털 기술 또한 우리가 잘만 활용하면 인간의 존재감을 떨어뜨리는 게 아니라 키울 수도 있을 것입니다. 앞에서 말한 보고서의 예측은 분명 디스토피아 세상이지만 우리는 유토피아 세상을 만들 수 있어야 합니다. 디스토피아나 유토피아를 만드는 것은 바로 인간입니다. 인간이 어떤 노력을 기울이느냐에 따라 우리의 미래가 달라질 것입니다.

임완수 박사님을 만난 것은 2021년 3월 초입니다. 박사님을 만나서 '커뮤니티매핑'에 대한 설명을 들으면서 저는 가슴이 뛰기 시작했습니다. 임 박사님은 커뮤니티매핑은 "기술을 이용해서 사람과 사람을 연결하는 일"이라고 말했습니다. "우리가 몰랐던 사실을 일깨워주고awakening, 서로 소통하게 하면서 간과했던 주변 문제를 다시 보게 하고, 새로운 방법으로 우리 지역과 사회 전체를 바꾸고, 인류의 역사를 어느 정도 갱생하고 보완하지 않을까 하며 진행되는 것"이 커뮤니티매핑이라는 설명을 듣다 보니 이런 방법론이야말로 미래 세상에서 인간이 존재감을 키우는 확실한 방법론이라는 생각이 들었습니다.

임 박사님은 커뮤니티매핑이 사회에 미치는 영향력은 크게 두 가지라고 했습니다. 사람과 사람, 지역사회 간의 소통과 참여, 협력 촉진이 가능하며 결국 커뮤니티로부터 지역 자산의 데이터가 구축되고 체계화될 수 있다는 점과 커뮤니티매핑을 진행하는 과정에서 시민들의 참여로 만든 데이터가 지자체와 정부의 지리 정보에 활용될 때 지자체는 더 효율적인 계획을 실행할 수 있다는 사실입니다. 여기에서 초연결사회에서 꼭 필요한 덕목이 모두 등장합니다. 참여, 소통, 공감, 배려 등입니다. 이런 덕목을 키우지 않으면 우리의 미래는 없다고 볼 수 있습니다.

임 박사님이 고등학생들과 함께 커뮤니티매핑을 진행하며 겪은 일화가 제 기억에도 강렬하게 남아 있습니다. 뭘 해야 할지도 모른 채 방황하던 한 학생이 이 프로젝트를 통해 자신이 사회에 도움이 되는 존재임을 느끼고, 심지어 새사람이 된 기분이 들었다고 이야기한 것, 그리고 그 말을 듣지 않았다면 커뮤니티매핑을 본격적으로 시작하지 못했을 것이라는 임 박사님의 후일담 말입니다.

저는 커뮤니티매핑이 학교에서부터 시작되어야 한다고 봅니다. 경쟁교육을 통해 각자도생의 길을 찾고자 하는 학생들이 커맵을 통해 공존의 방법을 반드시 찾아내야 한다고 믿습니다. 이미 임박사님과 현장 교사들이 학생들이 집단지성이 되어 커뮤니티매핑을 통해 스스로 발전해가는 모습을 담은 책을 준비 중입니다. 하지만 저는 임 박사의 헌신적인 노력을 빨리 알릴 필요가 있다고 판단했습니다. 학생들뿐 아니라 시민들의 노력이 시급하다고 보았기 때문입니다.

임 박사님이 매우 바쁜 분이시라 저는 대담을 통해 임 박사님의 생각을 세상에 알리고 싶었습니다. 다행히 임 박사님은 모든 경험과 기록을 클라우드에 잘 정리해놓았습니다. 저는 클라우드에 접속을 허락받아 임 박사님이 해오신 방대한 작업의 전모를 파악할 수 있었습니다. 저는 시민이 꼭 알아야만 할 사항이라고 생각되는 요점만 질문했습니다. 그 결과물이 바로 이 책 『어웨이크닝』입니다. 세상의 모든 일이 그러하듯이 커뮤니티매핑의 중심은 결국 사람일 것입니다. 그래서 이 책의 부제는 '기술로 사람과 사람을 잇는 커뮤니티매핑 이야기'로 정했습니다. 처음의 대담은 4월 9일에 있었지만 이후에 한 번 더 보충 질문을 통해 내용을 가다듬었습니다.

인류는 커뮤니티매핑 외에도 초연결사회를 살아가는 다양한 방법론을 분명히 찾아낼 것입니다. 아니 반드시 찾아내야 합니다. 그래야만 미래는 우리가 살 만한 세상이 될 것입니다. 그런 방법론을 찾아내는 데에 이 책이 많은 참고가 될 것이라 감히 자부합니다. 클라우드와 줌 같은 디지털 기술이 없었다면 이 책이 탄생하지 못했을 것입니다. 기술은 이렇게 모든 것을 변화시킵니다.

마지막으로 저의 갑작스러운 제안을 선뜻 허락해주신 임 박사님께도 정말 고맙다는 말씀을 전합니다. 이 책이 탄생하는 데에는 도은숙 팀장과 강세윤 편집자의 노고가 많았습니다. 그들이 아니었다면 이렇게 빨리 책이 완성될 수 없었을 것입니다.

2021년 7월

한기호

1장

기술로 사람과 사람을 잇는
커뮤니티매핑

01

커뮤니티매핑의 개념과
기술적 기반

커뮤니티매핑이란?

한기호(이하 한) —° '커뮤니티매핑' 하면 '지역사회를 지도화하다' 또는 '공동체 지도 만들기'라고 직역하게 됩니다. 이름만으로도 공공성이 느껴지고 의미 있게 들리는데요, 정확히 커뮤니티매핑이란 무엇을 뜻하나요? 제가 처음 임 박사님에게 뉴욕 화장실 위치를 지도화했다는 이야기를 듣고 굉장한 호기심이 일었어요. 뉴욕은 화장실 찾기 힘든 곳으로 악명을 떨치는 도시잖아요. 누구나 뉴욕 지도 위에 공중화장실이 있는 곳을 표시할 수 있는 웹페이지를 만들었다는 데서 남다르다는 인상을 받았습니다. 모두에게 필요한 정보를 제공하기 위해 개인이 이렇게 움직인 거잖아요. 굉장히 공익적인 행동이지요. 자연스럽게 커뮤니티매핑이 무엇인지 큰 궁금증이 생겼고요. 개념을 점차 이해하게 되면서 깊은 울림을 받았고, 출판인으로서 동참할 수 있는 일이 무엇일까 고민하다가 이렇게 책으로 출간하기로 마음먹게 되었습니다. 독자분들에게도 대체 커뮤니티매핑이란 무엇인지 알려주시면 좋겠습니다.

임완수(이하 임) —○ 커뮤니티매핑을 한마디로 정의한다면 '기술을 이용해서 사람과 사람을 연결하는 일'이라고 말하고 싶습니다. 우리가 몰랐던 사실을 일깨워주고(awakening), 서로 소통하게 하면서 간과했던 주변 문제를 다시 보게 하고, 새로운 방법으로 우리 지역과 사회 전체를 바꾸고, 인류의 역사를 어느 정도 갱생하고 보완하지 않을까 하며 시도하고 진행되는 것이 커뮤니티매핑(이하 커맵)이에요. 여기에서 말하는 새로운 방법이란 다양한 사람이 낸 아이디어 중 하나를 가리킵니다. 커맵은 기본적으로 시민들의 참여, 즉 집단지성으로 이루어지는 시민과학의 한 형태라고 할 수도 있습니다. 이 커맵을 한국에서는 리빙랩Living Lab이라는 용어로 설명하는 것도 가능합니다. 말 그대로 시민들이 직접 지역의 문제를 여러 가지 방법으로 실험해보는 '살아 있는 연구실'을 의미하며, 기술을 이용해 사회 문제를 해결하는 방식을 가리키지요. 지리 정보를 기반으로 공공 기관과 민간이 협력하는 사용자 중심의 연구 개념인데요, 커맵 역시 마찬가지입니다. 시민들 한 사람 한 사람을 살아 있는 연구실로 이해하고, 이들의 자발적 참여로 모두에게 이로운 시스템을 구축하는 동시에 완성도를 높여가고, 이를 통해 사람과 사람을 연결하는 것을 가리킵니다.

커뮤니티매핑의 기술적 기반

한 ──◦ 구체적으로 어떤 기술을 이용하고, 사람과 사람이 어떤 식으로 연결된다는 뜻인가요?

임 ──◦ 마스크 매핑으로 설명드리면 국내 독자분들에게 가장 빠르게 와닿을 것 같아요. 코로나19가 터지고 처음에 마스크를 구하는 일로 대중이 큰 스트레스를 받았잖아요. 약국에 가도 마스크가 없어서 거의 '대란'이라고까지 표현되었죠. 그런데 조금 지나니까 약국 위치를 지도화하고, 약국별로 마스크가 몇 개가 남았는지 알려주는 애플리케이션이 알려지기 시작했어요. 내가 사는 지역의 약국은 어디 어디에 있고, 약국별로 마스크 재고 수량은 얼마인지

—• 2021년의 '뉴욕의 화장실' 웹페이지. '클릭 한 번이면 마음의 평안을 얻을 수 있습니다'라는
부제가 달려 있다.

—• 커뮤니티매핑 강연에서 개념을
설명하고 있는 임완수 박사.

어웨이크닝

공유함으로써 시민들은 아무런 정보 없이 사러 갔다가 허탕 치지 않아도 되었죠. 약국 앱을 만들었던 이와 대학생이 협업해서 만든 앱이 바로 마스크 매핑입니다. 저희 커뮤니티매핑센터에서도 현 교직에 계신 선생님들과 시민 참여형 마스크 매핑을 제공하긴 했는데요, 곧 마스크가 안정적으로 제공되면서 이 앱의 역할도 서서히 줄어들기는 했죠. 시민들은 우리 동네에 약국이 이런 곳에 몇 군데 있었구나 이해하고, 만약 누락된 약국이 있다면 시민들이 직접 정보를 제공해서 이 앱의 정확도를 높여갔죠. 이런 게 바로 커맵 프로젝트의 예입니다.

기술적으로는 우선 GIS Geographic Information System라는 지리 정보 시스템이 필요해요. GIS란 인간 생활에 필요한 지리 정보를 컴퓨터 데이터로 변환해서 효율적으로 활용하기 위한 정보 시스템을 말하는데요, 커맵은 이런 GIS 기술을 반드시 필요로 해요. 넓은 의미에서는 인간 생활에서 어떤 사안을 두고 의사를 결정할 때 필요한 지리 정보의 관측과 수집, 보존, 분석, 출력에 이르는 일련의 조작을 위한 정보 체계를 뜻해요. 이런 기술을 활용해서 매핑을 하는 겁니다.

소장님께서 처음에 뉴욕 화장실에 깊은 인상 받으셨다고 해서 이 사례로 부가 설명드리자면, 숨어 있는 공중화장실이 많을 텐데 사람들이 아는 정보만 모아도 문제를 해결할 수 있단 생각이 들었어요. 여행에서 돌아오자마자 '뉴욕의 화장실(nyrestroom.com)'이라는 웹페이지를 만들었고요. 구글맵이 제공하는 편리한 지도 시스템을 활용해서 모든 사람이 뉴욕 지도에 공중화장실 위치를 표시할 수 있도록 만든 웹페이지였지요. 지도가 완성되는 데에 얼마나 걸렸을까요? 한 달이에요. 뉴욕 시민들이 웹페이지에 찾아와서 자신들이 알고 있는 공중화장실 위치를 일일이 표시해주었거든요. 그때가 2006년이었는데요, 이 웹페이지가 〈뉴욕타임스〉〈뉴요커〉 등에 소개되면서 제가 조금 유명해졌어요. 세계 곳곳의 여행자들이 감사 메일도 보내주셨고요.

이처럼 커뮤니티매핑이란 지리 정보 시스템을 활용해서 지역 사회 문제를 해결하는 겁니다. 매핑에 참여하는 사람들은 지역 사회에 뭐가 필요한지 알고, 스스로 문제를 해결하기 위해 나서게 돼요. 같은 취지로 모여서 기술로써 하나로 연결되는 겁니다.

02

사회적 약자와
커뮤니티매핑

커뮤니티매핑은 사회 운동인가

한 ──◦ 커뮤니티매핑의 개념은 무엇이고, 어떤 기술을 바탕으로 이루어지는지 말씀해주셨는데요, 그렇다면 무엇을 계기로 이 일을 시작하시게 되었는지가 궁금해요. 가령, 저는 출판을 문화 운동의 일환으로 시작했어요. 지금은 출판의 상업성이 강화되었지만 제가 출판 업계에 입문하던 1980년대에는 언론이 제 기능을 하지 못하고 있다고 판단했고, 언론의 역할을 자임하면서 출판에 운동 차원에서 접근했습니다. 지금 4차산업혁명 시대에 개인이 할 수 있는 역할을 찾기란 어렵습니다. 기술이 발전할 때마다 일자리를 잃는 등 존재가치 자체가 사라져가고 있습니다. 그러나 이러한 기술의 발전에도 장점은 존재하는 것 같아요. 그중 하나가 바로 커맵을 집단지성으로 활용할 수 있다는 것 같습니다. 그래서 저는 커맵을 알게 된 후 인간성 회복 운동의 차원에서 커맵이 중요한 방법론이 될 수 있다는 생각을 했습니다.

임 박사님은 지금 미국의 한 의과대학에서 교수로 재직 중이시고, 뉴저지에서 지리 정보 센터도 운영하고 계신 것으로 압니다. 교수님이 연구해온 분야와 커맵이 어떻게 연결되는지를 이해하려면 이에 대해서도 좀 더 자세히 알아야 할 텐데요, 이 연구 분야를 택하게 된 개인적인 동기가 있다면 말씀해주실 수 있나요?

임 ——∘ 제가 대학에서 이러한 연구 분야를 택하게 된 계기는 우선 어릴 적으로 거슬러 올라가는데요, 아무래도 가족들의 영향이 컸던 것 같습니다. 생각해보면 어린 시절부터 부모님은 상당히 이타적인 성향을 갖고 계셨던 것 같아요. 가정 형편이 넉넉지 않아 온 가족이 조그마한 단칸방에서 생활하면서도 제 사촌들이 학업에만 몰두할 수 있도록 경제적인 지원을 아끼지 않으셨어요. 또 제 위로 형님 한 분이 계신데, 제가 중학교 때부터 뇌전증으로 심한 병치레를 겪으셨거든요. 근데 당시 저희 집안은 소위 '돈 있고 백 있는' 집

안이 전혀 아니었어요. 그래서 형의 치료가 시급했는데도 병원에 입원조차 시키지 못했습니다. 이 사건을 겪으면서 저는 '돈 없고 집안 배경이 좋지 않더라도 적어도 병원은 가서 치료를 받을 수 있는 세상을 만들어야 하지 않겠나' 하는 신념을 자연스럽게 갖게 되었어요. 이렇게 유년기를 보내면서 나보다 힘든 사람이 있으면 연민을 갖게 되고, 어떻게든 도와주고 싶은 이타적인 제 개인적 가치관이 형성된 것 같아요. 이를 바탕으로 자연스럽게 제가 배운 의학, 지리학, 도시학, 사회학과 같은 학문과 기술을 접목해 사회정의를 실현하려고 노력하게 된 것 같습니다.

한 ──° 사람의 현재는 그의 수많은 과거와 연결돼 있다고 생각하고, 그중에서 가족과의 관계는 한 인간의 삶에 지대한 영향을 미치지 않나 싶습니다. 저 역시 가난한 집안에서 6남매의 장남으로 태어났습니다. 열 식구의 가장이셨던 아버님은 가족 부양에 너무 지쳐 계시곤 했죠. 저는 지친 아버지의 화풀이 대상이 되곤 했습니다. 이러한 환경에서 저는 우여곡절 끝에 사범대학에 진학했습니다. 계획대로라면 교사가 되어야 했지만, 어쩌다 보니 출판에 뛰어들게 되었습니다. 당시 제5공화국 정부는 무수히 많은 판금 서적을 지정하며 출판을 탄압했습니다. 억누를수록 저항심은 커졌지요. 그때 제 일 중 하나가 판금 서적을 몰래 판매하는 것이었습니다.

20대와 30대를 바친 출판사를 그만두고 40대에 연구소를 창립하고 나서도 좋은 책이 출간되는 환경을 만드는 데 기여하고자 노력했습니다. 저는 국어교육을 전공했지만, 출판 현장에서만 40년을 일하게 되었습니다. 사실 전공이 제 일에 크게 기여한 바는 없습니다. 당시는 계엄령으로 군인이 대학에 상주하는 등 면학 분위기가 조성되기 어려웠습니다. 1980년 봄에 시위에 가담했다는 이유로 감옥에 갔던 것이 제 인생에 많은 변곡점을 만들었을 뿐만 아니라 평생을 지배하고 있습니다. 박사님의 전공과 커맵은 어떻게 연결될까요?

임 ──∘ 소장님도 유년 시절이 순탄치만은 않았겠습니다. 많이 공감이 됩니다. 아무튼, 앞서 말씀하신 대로 현재 전 비영리 사단법인 커뮤니티매핑센터의 대표인 동시에 메해리 의과대학의 가정의학과/보건학과에서 교수로 재직 중입니다. 미국 사회 내에서 흑인과 백인이 누리는 의료 혜택의 수준차가 상당한 편인데, 교수로서 이 문제를 해결하기 위해 노력하고 있습니다. 예를 들자면 2001년에 저는 아이들의 천식, 특히 흑인과 백인 아동들의 천식과 관련된 박사 논문을 집필했어요. 천식이 충분히 예방 가능한 병인 걸 아시나요? 충분한 의료 환경과 의료 서비스만 제공된다면 사실 천식은 그리 무서운 병이 아니에요. 그때 통계적으로 살펴보면 흑인 아이들

—• 커뮤니티매핑 플랫폼의 시초가 되는 수자원 보호 커뮤니티매핑 사이트, 아임리버스.

—• 미국 원주민 인디언을 대상으로 오클라호마에서 커뮤니티매핑을 소개하는 모습.

이 백인 아이들보다 여름에 천식으로 병원에 입원할 확률이 약 2.7배나 높다고 나옵니다. 아마 이때부터 제가 가난한 지역과 유복한 지역, 인종 간의 의료 서비스와 관련된 형평성 문제에 관심을 갖기 시작했을 겁니다. 이러한 관심을 바탕으로 제가 갖고 있는 지리적 정보를 보건 의료에 접목해보기 시작했어요. 1992년도에 버티시스VERTICES, LLC라는 GIS 컨설팅 회사를 설립한 뒤 뉴저지, 뉴욕 지역에 병원과 공중보건 쪽에 지리 정보 컨설팅을 했습니다. 의사 지도, 병원 서비스 지도, 병원 전략 계획 지도 등, 지리 정보 소프트웨어를 바탕으로 컨설팅을 했죠.

사실, 제가 처음부터 의료 서비스의 형평성을 위해 지리 연구를 시작했던 건 아니었어요. 처음엔 환경정의 쪽에 관심이 더 많았죠. 미국엔 두 가지의 비영리 수자원보호 단체가 있어요. 리버 네트워크River Network라는 곳과 리버 키퍼River Keeper라는 곳인데, 이들과 환경오염에 관심이 많은 사람을 모아서 강을 오염시키는 환경, 사람 등을 모니터링한 적이 있어요. 그 당시엔 저희 센터에서 추구하고 있는 '커뮤니티매핑'이라는 개념을 잡기 전이라서, PPGISPublic Participation GIS, 시민 참여형 지리 정보 시스템, 즉 집단지성을 바탕으로 데이터를 수집하고 효과를 보는 느낌이 강했습니다. 이렇게 환경 단체를 돕다가 자연스럽게 커맵에 발을 들이게 된 거죠(웃음).

이후로 저는 환경과 의료, 이 두 가지를 기반으로 본격적으로 사회적 불평등 문제를 해소함과 동시에 교육적 역량 강화 기능도 있는 커맵에 몰두하기 시작했습니다.

불공정한 사회적 경제와 커뮤니티매핑

한 ——◦ 의료 혜택의 사각지대에 있는 이들에 대한 관심, 환경에 대한 관심이 결국 커맵으로 이어진 거군요. 의료 혜택을 받지 못하는 이들은 주로 가난한 이들이고, 부의 문제는 인종 문제와 직결되고, 나아가 인종 문제는 지역적 차별로도 이어지는 거잖아요. 불공정한 사회 경제적 구조와 굉장히 맞물린다는 느낌이 드네요. 환경 문제도 마찬가지가 아닌가 싶습니다. 쉽게 얘기하자면 가난한 이들보다 부유한 이들이 자원을 훨씬 더 많이 사용한다면 환경 문제 역시 불공정한 사회 경제와 이어지게 됩니다. 이런 맥락에서 보자면 커맵은 자연스럽게 사회정의와 연결이 되겠네요. 처음부터 '사회정의를 실현한다' 같은 포부와 신념으로 시작하신 건지 궁금해집니다. 교수님께서 하는 일을 사회정의 실현의 일환으로 보는 이 시선에 대해서는 어떻게 생각하나요?

임 ——◦ 사회정의가 나에게 뭘까 생각해봤어요. 사회정의, 실현하

—● 경기도 부천 송내고에서 "질병의 위치를 아는 것이 왜 중요할까? 현대의료보건과
지리정보학"이라는 주제로 강의하는 모습.

면 좋지요. 누구 하나 소외되는 사람 없이 안전하고 행복한 사회가
바로 사회정의 실현이라고 생각하고, 저에게도 정말 큰 의미가 있
거든요. 어떤 일을 할 때 이러한 생각은 굉장한 동기를 제공하는 동
시에 몰입감을 줘요. '심장-머리-몸'이 같이 뛰어야 할 수 있는 일
이지요. 하지만 가끔 '이렇게까지 힘들게 할 필요가 있을까, 내가
왜 그랬을까' 하는 생각도 들어요.

　어머니는 치매로 고생 중이시고, 육아와 가정 교육도 그때는 다
아내에게 맡기고 일했어요. 그때만 생각하면 내가 지금 뭘 하고 있
나 싶어져요. 저희 스태프들도 그래요. "임 박사님은 정말 똑똑해

　　　　　　　　　　　　　　　　　　　　　　　　　　어웨이크닝

요. 그런데 교육과 소외 계층만 생각하지 돈 버는 건 생각을 못 하셔요. 그게 문제예요." 맞는 말이에요. 영리를 목적으로 하는 사업가적 마인드는 부족하죠. 그럴 수밖에 없는 게, 저는 기본적인 것만 해결된다면 값비싼 의식주에 대한 욕망이 별로 없어요. 다만 이런 저 때문에 가까운 사람들이 고생하는 걸 보면, 고민이 되지요. 나 자신은 최소한 왜 살고, 어떻게 살지 나름대로 정리해놓았고, 이런 일을 하면 가슴이 뛰고 행복하기도 한데 가족과 가까운 지인들은 이런 나로 인해 어떨까 싶어집니다. 수익도 나지 않는 일을 빚을 내서 한다고 하면 주변 사람 누구라도 부담을 느끼지 않겠어요? 이미 그렇게 가까운 이들에게 큰 부담을 주었어요.

그래서 요즘에는 삶의 밸런스가 중요하다는 생각을 많이 해요. 나 자신도 너무 힘들면 안 되고, 가족과 친구도 힘들어지면 안 되지요. 물론 그런 한계까지 완전히 받아들이고 극복하는 사람들이 더 큰 일을 할 테지만, 나는 그런 정도의 사람은 아니거든요. 나로 인해 관계자들이 고통받지 않도록 하는 것, 이것이 제가 생각하는 사회정의의 한 부분이고, 그런 면에서 아직 제대로 실현하고 있지 못하다는 생각이 듭니다.

한 ──◦ 동의합니다. 저 역시 사회가 조금이라도 나은 방향으로 변화되길 바라면서 출판 일을 시작했지만, 의욕 하나만으로 대책

없이 일을 벌인 적도 많고, 지금도 그런 면이 있거든요. 그래서 적을 많이 만들기도 했어요. 누군가는 무모하다고 하겠지만 그런 일을 하면 가슴이 뛰고 삶의 큰 의미와 동력을 느껴요. 그렇게 해야 제대로 살고 있는 기분이 듭니다. 젊은 시절의 학생 운동도 그런 마음으로 했던 것 같아요. 하지만 그것 때문에 내 가족과 주변 사람들을 너무 힘들게 했어요. 특히 딸들이 한창 성장할 때 제대로 돌보지 못해, 환갑을 몇 년 지난 지금도 가끔 그런 죄책감에 시달립니다. 임 박사님이 지금 느끼는 감정과 아주 비슷하지 않을까 싶습니다. 그런데도 여전히 멈출 수가 없는 것을 보면 사람은 저마다 자기가 살아야 할 삶의 모습과 방향이 어느 정도는 정해져 있는 건 아닌가 하는 생각도 드네요.

임 ——° 그래서 소장님과 제가 이런 대담을 하게 된 모양입니다.

한 ——° 그렇게 볼 수도 있겠네요(웃음). 멈출 수 없는 데에는 이런 개인적인 성향 탓도 있지만, 사회적으로도 내가 한 일이 옳다는 지지를 받을 때는 더없이 기뻐지는 게 인간의 심리 때문도 아닐까 싶네요. 출판사에서 영업사원으로 일하던 시절, 저는 꽤 많은 베스트셀러를 만들었습니다. 물론 혼자 한 일은 아니지만요. 연구소를 설립한 이후에는 늘 초보 저자들과 어울렸습니다. 그런 일이 얼마나

많은 어려움을 자초하는가는 모두가 알 것입니다. 하지만 발행인으로서 그런 고생 끝에 소설 『회색 인간』을 쓴 김동식 작가를 만나는 기쁨도 누렸습니다. 중학교를 1학년에 중퇴하고 주물공장 노동자로 일한 적이 있는 김동식 작가는 이제 앞날이 창창해 보입니다. 그런 작가가 활동할 수 있는 멍석을 깔아주었다는 데 희열까지 느끼고 있습니다. 임 박사님도 실제로 구글이라는 세계적 기업에서 하시는 일에 대한 지원을 받으신 적도 있다고 들었습니다.

임 ——° 네, 맞습니다. 2013년에 커뮤니티매핑센터를 설립했고, 구글에서 처음 시드 펀딩을 받았습니다. 그리고 2016년에 구글 임팩트 챌린지Google Impact Challenge에 입상해, 전체 상금인 30억 원 중 5억 원을 받았어요. 늘 자금난에 시달려왔기 때문에 당시에는 정

—• 장애인 편의시설 매핑 활동 모습.

말 큰 힘이 되었죠. 그때 저희가 진행했던 프로젝트는 장애인을 위한 장벽 없는_{Barrier-free, BF, 배프} 세상 지도 만들기였거든요. '배프'는 '베스트 프렌드'의 준말인 '베프'라는 의미를 의도하기도 한 명칭이었어요. 이런 취지가 제법 인정되었는지, 당시 발표되었던 프로젝트 중에 괜찮은 소셜 임팩트 챌린지라는 평가도 받았습니다. 장애인 편의시설 관련 커맵 활동과 앱 개발을 2년 동안 정말 열심히 해왔으니까요. 근데 막상 5억 원을 받게 되니 문제가 생기더군요. 소위 헝그리 정신이 사라졌다고 해야 할까요. 어떻게 이 프로젝트를 성공적으로 진행할까만 생각했지 자체 역량 강화를 생각하지

어웨이크닝

못했어요. 그래서 그 5억 원을 다 쓰고 난 뒤부터 지금까지 고생하고 있습니다만, 당시에는 정말 이제 본격적으로 우리 사업이 인정을 받기 시작했다고 생각했고, 커맵이 대중에게 널리 퍼질 것 같아서 고무되었죠. 그래도 한 가지 다행인 점은 그때 개발한 장애인 편의시설 앱인 배프 지도는 아직도 학생들 사이에서 잘 쓰이고 있다는 겁니다(웃음).

03

커뮤니티매핑,
정부와 기업이 주목하다

미국과 한국 정부 그리고 구글이 주목하다

한 ──∘ 세상의 인정을 받은 이면에 그런 아쉬움도 있었군요. 역시 모든 일에는 양면이 있습니다. 하지만 세계적 기업과 정부에서 관심을 표했다는 건 충분히 의미 있는 것 같습니다. 저 또한 지금껏 무수한 출판정책 아이디어를 내곤 했는데 제 의견이 반영되면 기뻤습니다. 2000년대 초반에는 많은 사람들이 도서정가제를 반대했지만 결국 무한 할인 경쟁이 출판문화 자체를 말살할 수 있다는 것에 대부분 공감하게 되었습니다.

어웨이크닝

커맵으로 백악관에도 다녀오시지 않았나요? 그 이야기를 좀 더 자세히 해주시겠어요?

임 ──○ 백악관에 가서 대통령을 만난 것은 아니고요(웃음). 정확하게 이야기하면 백악관 서쪽 집무동인 웨스트윙을 간 겁니다. 그 곳에 가서 백악관 스태프를 만나고, 또 토드 박이라는 한국계 미국인인 최고기술책임자ᴄᴛᴏ를 만나고 왔습니다. 2012년 가을 즈음 미국 동부를 강타한 허리케인 샌디로 인해 불편함을 겪고 있는 사람들을 위해 지역 학생들과 주유소 커맵을 하고 있을 때였어요. 재난 극복을 도우려고 열심히 노력하고 있는 차에 어느 날 모르는 곳에서 전화가 온 겁니다. 누구시냐고 물어보니까 백악관이라는 겁니다(웃음). 처음엔 믿지 않았어요. 당연히 장난 전화인 줄 알았죠. 아니, 백악관에서 저한테 전화를 준다는 게 말이나 됩니까? 전화를 끊은 뒤에 이메일을 확인해봤는데 세상에, 진짜 백악관에서 연락이 온 게 맞았어요! 전화로는 믿지 않는 눈치였는지, 백악관 허리케인 샌디 재난 담당자께서 메일도 한 통 보내주셨더라고요. 그제야 믿을 수 있었어요. 신선한 충격이었죠. 이후에 다시 연락이 오더니 도움이 되고 싶다며 뭐가 필요하냐고 묻더군요. 당시 저는 50명의 아이들과 함께 작업을 하고 있었어요. 점심값은 순전히 제 몫이었죠. 머리수가 많으니 가볍게 피자 몇 조각씩만 먹여도 한 끼에

400불이 들었어요. 한 끼 식사를 해결하는 데 45만 원에서 50만 원 수준이라니… 상당한 부담이었죠. 그래서 단순히 먹을 것이 가장 필요하다고 말했어요.

그랬더니 백악관에 있는 분들, 그리고 또 에너지국의 국장님들이 2주 동안 학생들의 먹을 것을 지원해주셨어요. 백악관에서 연락이 오고 난 뒤에는 연방정부에서도 지원을 해주고, 프랭클린 타운십의 시장님이 직접 오셔서 칭찬해주시고, 우리가 하는 일이 TV와 신문 같은 언론에도 등장하니 아이들은 완전히 신이 났죠.

그날 밤 집으로 돌아가서 부모님께 백악관에서 사주는 피자를 먹었다며 자랑을 하기 시작했어요. 당연히 부모들은 믿지 않았죠. 오히려 재난으로 인해 수도, 전기가 모두 끊긴 상태인데도 아침에 눈뜨면 나가서 밤이 깊어서야 지친 모습으로 돌아오는 아이들을 의심하기 시작했어요.

이 억울함을 에너지국의 장관님이 풀어주셨죠(웃음). 직접 친필로 편지를 작성해 보내주시고, 에너지국의 메인 웹페이지에도 우리의 작업을 게시하는 노력을 해주셨어요. 그제야 부모님들도 아이들을 믿고 자랑스러워하시더군요.

우리의 이런 노력은 미 의회에도 공식으로 기록이 되었어요. 연방에너지국US Department of Energy에서 우리의 데이터를 그대로 가져다가 콜센터를 운영하기도 했고요. 이런 식으로 다른 기관들과의 협

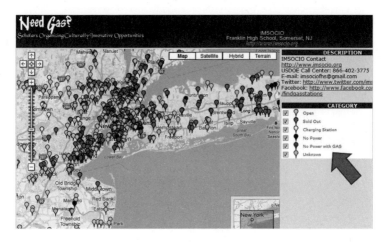

—● 미국 허리케인 샌디 때 만든 현황 커뮤니티매핑. 매플러 앱.

업도 굉장히 많이 일어나게 됐어요. 이를 바탕으로 구글의 초청을
받아 뉴욕에서 재난과 관련된 구글 재난 국제 컨퍼런스에 참가하
기도 했었죠. 이때 구글의 담당자가 발표를 하면서 재난 상황에서
가장 효율적인 앱 중 하나가 우리가 개발하고 사용한 매플러Mappler
였다고 말했을 땐 참 뿌듯했어요.

아, 말하다 보니 백악관과 관련된 재미있는 해프닝이 하나 더 생
각났어요. 당시 아이들은 인근 주유소의 기름 재고 보유 현황을 실
시간으로 알리기 위해 트위터를 사용했는데, 단기간에 트윗을 너
무 자주 올리면 봇 계정으로 간주되어 이용 정지를 당하더군요. 한
시라도 빨리 정보를 알려야 했던 저희로서는 답답한 노릇이었죠.
그때 백악관이 가장 먼저 떠오르더라고요(웃음). 그래서 저는 바로

백악관 재난 극복센터 담당사에게 연락을 했죠. 그쪽에서 트위터 본사에 직접 연락을 해주셨고, 바로 정지가 풀리는 마법이 일어났어요.

아, 한 가지 더, 아무래도 아이들이 50명이나 있다 보니 학교 측에서 마련해준 사무실로 이어지는 인터넷 라인이 모자라서 인터넷을 이용할 수 없을 정도로 속도가 느려졌어요. 저는 이번에도 바로 백악관 담당자에게 도움을 요청했죠. 늦은 밤이었는데도 바로 럿거스 대학교 총장실에 연락을 취하더군요. 그 즉시 인터넷이 증설되었어요(웃음).

이처럼 행정 프로세스의 문제나 불가능한 일이 발생했을 때 백악관뿐 아니라 에너지국에 있는 관계자들이 바로 일을 해결해주는 것을 피부로 느꼈어요. 또, 재난으로 인해 하드웨어와 소프트웨어를 급하게 구하고 보완하는 것도 필요하지만, 전혀 예상하지 못했던 일들이 발생했을 때 정부의 지원으로 바로 의사결정이 되는 상황들을 보고 무척 감명을 받았습니다. 이것은 서로 커뮤니케이션 채널에 대한 인식을 하지 않으면 불가능한 것이잖아요.

미국에서의 이러한 활동이 서서히 한국에도 알려지자 2014년 1월 무렵, 청와대의 초청을 받아서 국무회의에서 커맵에 대해 발표를 하게 됐습니다. 택시를 타고 가려 했는데 진입이 안 된다고 해서 행안부 직원분이 저를 차에 태우고 들어갔습니다(웃음). 아무튼,

이 사건 이후로 국정 과제에 커맵이 들어가기도 했었는데, 제가 연구 능력은 뛰어난데 영업 능력이 부족해서(웃음) 그 이후로 큰 진전은 없었습니다.

안전과 아름다움을 지도화하다

한 ──○ 잠깐 들어본 에피소드만으로도 제 일처럼 뿌듯해집니다. 더욱이 재난 시에 학생들과 그렇게 유의미한 일을 하고, 그 일이 묻히지 않고 정부 기관에도 전달되었다는 건 마치 영화 속 이야기처럼 극적으로 들립니다. 그렇다면 이제 커맵의 실제적인 사례들을 살펴보면서 어떤 식으로 임 박사님이 말한 '사람과 사람이 연결되었는지' '커맵을 통해 지역사회가 어떤 변화를 맞이했는지' 구체적으로 들어보면 좋겠어요. 저 역시 책으로 세상을 변화시킬 수 있다고 믿는 사람이거든요.

임 ──○ 저는 커맵을 두 가지로 구분해요. '위험을 매핑하다'와 '아름다움을 매핑하다'로요. 첫 번째는 우리 사회에서 잘 드러나지 않은 위험 요소를 드러내서 인간이 안전한 삶을 영위하도록 하는 것이지요. 아름다움도 마찬가지입니다. 사람은 생활에 치이다 보면 자기가 사는 곳이 어떤 모습인지 잘 몰라요. 얼마나 멋진 풍경을 담고 있는지 인지하기가 어렵죠. 미처 몰랐던 내가 사는 지역사회의 역사, 아름다운 풍경 등을 지도화해서 서로 공유한다면 어떨 것 같으세요? 그러고 나면 무심코 지났던 담벼락 아래의 들꽃도 보이고, 오래된 길로만 보였던 골목에서 역사가 느껴지기 시작합니다. 이런 두 가지 매핑은 결국 사람과 사람을 연결합니다. 세대 간에는 소통을, 동년배끼리는 공감대를 형성하는 동시에 삶의 의미를 찾게 하지요. 이런 이야기를 지금부터 상세하게 들려드릴까 해요.

한 ——○ 지금까지의 말씀만 들어봐도 커맵을 잘 활용하면 인간의 삶이 매우 풍요로워질 것 같습니다. 어떤 사례들이 있을지, 커맵이 어떤 변화를 낳았을지 정말 기대가 됩니다.

2장

위험을
매핑하다

01

지구 도처에 숨 쉬는
위험들

커맵에 불을 지핀 소중한 인연들

한 —○ 기술은 선과 악, 은총과 저주라는 양면성이 있는 양날의 검입니다. 칼은 음식을 해 먹을 때 없으면 안 되는 도구이지만 살인에도 이용됩니다. 기술이란 사실 좋은 일보다 불행한 일이 발생했을 때 발전하게 되지요. 제1차 세계대전 이후에 무기 산업이 엄청나게 발달했던 것처럼요. 원자폭탄이 그 단적인 예잖아요. 이렇게 보면 기술의 발전은 인류의 크나큰 불행이라고도 할 수 있겠습니다. 하지만 기술이란 결국 사람이 사용하는 것이고, 어떻게 사용하느나에 따라 행복과 불행이 결정되는 것 아니겠습니까? 그런 의미에서 임 박사님의 커맵은 위험을 지도화하는 작업이라는 말이 와닿았습니다. 앞에서 커맵은 위험과 아름다움을 지도화한다고 하셨지요. 기술이 위험 상황이 있고 난 뒤에 발전했다는 걸 생각하면, 위험을 지도화한 사례를 먼저 들려주시면 좋겠어요.

임 ──° 위험을 매핑한다는 건 결국 인간이 좀 더 안전한 환경에서 살아갈 수 있도록 필요한 정보를 제공한다는 뜻이지요. 인간의 삶에서 위험이란 재난, 전쟁, 기후 변화, 환경오염, 바이러스 등 셀수 없이 많습니다. 커맵 프로젝트를 사례로 들어서 설명드릴게요.
 제가 커맵을 본격적으로 시작하게 된 계기는 아벨 팔로모라는 학생 때문이었어요. 아벨 팔로모라는 학생은 제가 뉴저지에서 커맵을 할 때 참여했던 고등학생 중 한 명이었습니다. 그 친구는 에콰도르에서 가족들과 미국으로 건너온 이민자였어요. 당시 저와 함께 커맵을 하던 학생들이 주로 남미계, 즉 히스패닉 계열의 친구들이어서 특별할 것도 없었죠. 하지만 이 친구는 아직도 제 기억에 가장 큰 부분으로 남아 있어요. 왜냐고요? 모호크 머리를 한 이 친구는 덩치가 진짜 커요. 아니(웃음), 농담으로 하는 말이 아니라 정말 덩치가 컸어요. 그 애와 단둘이서만 좁은 방에 있으면 심장이 뛰었다니까요. 아마 본능적으로 생존에 대한 위협을 느꼈나 봐요(웃음).

이 친구가 커맵을 진행하고 후기를 발표한 적이 있었어요. 지금도 비디오로 남아 있는데, 뭐라고 했냐면 본인은 원래 뭘 해야 할지도 모른 채 길거리만 방황하는 학생이었는데, 이 프로젝트를 통해 자신이 사회에 도움이 되는 존재임을 느끼고, 심지어 새사람이 된 기분이 들었다고 말하는 거예요.

저는 그 말을 듣고 진짜 큰 충격을 받았어요.

이때부터 '아! 나 때문에 누군가 변했다는 말을 듣는 게 굉장한 동기와 에너지를 주는구나' 하고 생각하게 됐어요. 이상하게 저는 맛있는 걸 먹거나, 쇼핑을 하는 기쁨보다도 이런 '봉사의 기쁨'이 더 크더라고요. 아마 이 학생의 이런 발언이 아니었다면 지금 제가 하고 있는 커맵은 시작조차 하지 못했을 겁니다.

한 ──○ 정말 공감이 가는 에피소드네요. 저는 '나하고 함께 일한 사람 중에 나 빼놓고 모두가 잘되었다'고 농담 삼아서 종종 말하곤 합니다. 한 역술인이 제 사주가 다른 사람을 잘되게 돕는 삶이라고 했을 때, 처음으로 사주라는 게 맞기도 하는가 싶었습니다. 이 말을 들은 한 후배는 '한기호에게도 한기호가 필요하다'라는 농담을 하더라고요. 사실 그건 틀린 말이지요. 당사자들이 재능이 있고 그 재능을 세상에 내보이기 위해 열심히 했기 때문에 잘되는 거지요. 다만, 저는 그분들이 재능을 내보이고자 할 때 내가 할 수 있는 일이 뭘까 늘 고민하게 돼요. 이제 막 사회에 나온 초년생들을 보면 더욱 그런 생각이 들죠. 그래서 제가 운영하는 출판사에서는 공익적인 아이디어가 있는 분들의 책은 시장성이 비록 적더라도 내려고 노력하고 있습니다. 그 학생과는 그 뒤로 어떻게 인연이 이어졌나요? 또 다른 학생들과의 인연은 없었나요?

임 —◦ 애석하게도 아벨 팔로모는 저 발표 비디오를 찍은 지 얼마 되지 않아 교통사고로 세상을 떠나게 되었어요. 그런 일이 없었더라면 정말 바르게 자란 청년이 되어 있을 텐데… 지금 생각해도

—◦ '아임소시오' 프로젝트에 함께했던 학생들과 임완수 박사의 모습.
맨 가운데 가장 체격이 좋은 학생이 임완수 박사에게 큰 동기부여를 해주었던 아벨 팔로모다.

어웨이크닝

너무 안타까워요.

또, '아임소시오IMSOCIO' 활동을 하면서 만난 학생 중에 기억에 남는 제니퍼 고메즈라는 학생이 있어요. 제니퍼는 커맵을 시작한 초창기부터 활동을 꾸준히 이어왔고, 2012년에 미국을 강타했던 허리케인 샌디로 인한 피해를 복구하는 활동을 커맵을 통해 지원하는 일에도 자연스럽게 참여했어요. 그 친구도 아벨 팔로모와 마찬가지로 히스패닉계 이민자 가족 출신이었어요. 이민자였던 제니퍼의 아버지는 영어가 굉장히 서툴렀어요. 사실상 스페인어밖에 할 줄 모르셨죠. 어느 날, 그분과 우연히 같이 주택 뒤의 정원에서 맥주를 마신 적이 있어요. 저는 영어, 그분은 스페인어를 주로 사용했기 때문에 일상적인 대화가 사실상 불가능했죠. 미국 사회에서 늦은 나이에 이주한 이민자들은 아무리 오래 살아도 영어로 하는 소통이 어려운 부분이 있어요. 한국계 이민자분들도 마찬가지죠. 아무튼, 그분이 갑자기 절 보며 주먹을 쥐시더니 그대로 심장이 있는 부분을 몇 번 툭툭 치고선 웃으셨어요. 서로 대화는 통하지 않았지만, 그분이 전하고픈 말이 무엇인지 정확히 느껴지더라고요. 눈물이 날 뻔했어요(웃음). 이처럼 아임소시오 활동을 통해서 커맵의 교육적 효과를 직접 피부로 느끼게 되었어요.

2011년에는 학생들과 학교 주변 공원에 대한 쓰레기 매핑을 진행한 적이 있어요. 겉으로 보면 푸르른 공원처럼 보이지만, 내부를 자세히 살펴보면 환경을 해치는 버려진 쓰레기들이 많았습니다. 제가 이 프로젝트를 진행하면서 정말 놀랐던 게, 매핑을 진행하는 날이 아니었는데도 학생들이 주말에 자발적으로 모여서 동네 공원에서 쓰레기를 청소하고, 이곳을 어떻게 하면 더 아름답게 유지할 수 있을까 하는 고민을 하고 있는 겁니다. 커맵이 학생들의 이러한 행동 변화에 큰 일조를 한 것이죠. 저는 이러한 사건들 이후로 아이들의 교육 참여와 역량 강화를 중점에 둔 커맵을 본격적으로 확대하기 시작했죠.

─● 2011년, 학교 주변 공원 쓰레기 매핑에 참여한 후, 자발적으로 쓰레기를 치우는 학생들.

어웨이크닝

대형 자연재해 속에서 빛을 발한 커맵 프로젝트

한 ——○ 커맵이 교육에 참여했다는 말에 눈이 커집니다. 저 역시
출판과 교육을 연결하는 데에 관심이 많거든요. 다만 커맵의 교육
적 효과는 이따 다시 언급하기로 하고, 앞서 나눴던 이야기 가운데
백악관에 관련된 일화와 이어지는 대화를 좀 더 나누면 좋겠습니
다. 사람들이 그 에피소드를 들으면 그저 백악관에서 연락이 왔다
는 이유만으로도 '와' 하고 감탄하게 될 수도 있지만, 사실 그때가
큰 재난을 겪는 중이었잖아요. 커맵이 위험을 가시화해서 안전을
도모하는 프로젝트라는 걸 감안하면, 허리케인 같은 크나큰 재난
은 그러한 위험 가운데에서 가장 큰 위협이 아닐까 싶습니다. 그때
이야기를 좀 더 자세히 해주시겠어요?

임 ——○ 2012년 10월, 미국 뉴저지 뉴욕 지역을 강타해 미국에만
약 702억 달러의 피해를 준 허리케인 샌디의 위력은 정말 어마어
마했어요. 이로 인한 재난 당시 뉴저지주 프랭클린 고등학교 학생
들로 구성된 '아임소시오'의 멤버들은 주유소의 현황(개/폐점, 기름
유무 등)을 매핑해 많은 사람들에게 정보를 제공했고, 이를 통해 허
리케인 샌디 때문에 생긴 단전, 단수로 인한 불편을 해소하고자 했
어요(2012.10~2012.11). 제가 재난 극복 과정에 직접 시민으로 참

여해 소통과정을 경험한 프로젝트였습니다.

　허리케인 샌디로 인해 147명의 사망자가 생겼고, 뉴저지에서만 65퍼센트의 지역에 전기공급이 끊어지는 등 전국적으로 840만 이상의 가구가 정전 피해를 본 것으로 집계되었죠. 뉴욕시 퀸스 브리지 포인트 주택가에서는 화재로 최소 110채의 가옥이 불에 탔으며 허리케인 샌디는 바람과 폭우, 해일에 그치지 않고 때 이른 '10월의 폭설'을 가져와 그 피해를 더욱 키웠습니다.

　웨스트버지니아주 알파인레이크에는 60센티미터에 가까운 눈이 쌓였고, 메릴랜드주 레드하우스에는 66센티미터의 폭설이 내리는 바람에 저녁에는 히터를 틀어야 할 정도로 기온이 낮아진 상황에서 전기가 끊기자 가정에서는 가정용 전기 발전기를 돌리기 위해 기름이 필요했고, 자동차에 넣을 기름도 필요했어요. 하지만 도로가 태풍으로 유실되거나 나뭇가지와 전깃줄로 뒤엉켜 막혀 있어서 유조차가 기름을 싣고 주유소에 갈 수 없는 상황이었습니다. 또 전기가 끊긴 주유소에서는 펌프를 작동할 수 없으니까 기름을 제공할 수도 없었고 말이죠.

　사람들은 주유소가 어디 있는지는 알고 있지만, 기름 제공이 가능한 주유소가 어디인지, 또 기름을 얻기 위한 대기 줄이 얼마나 긴지, 혹은 언제 다시 주유소에 기름이 들어오는지에 대한 정보가 없었습니다. 그래서 무척 혼란스러웠고 이로 인해 추가 사고가 지속적으로 발생했습니다. 각 주유소마다 아주 긴 줄이 있고, 중무장한 경찰들이 경계를 선 상황이었죠.

그때 뉴저지에서 저와 같이 커맵을 하던 프랭클린 타운십 남미계 고등학생들과 커맵을 이용해 기름을 제공하는 주유소를 온라인 지도 위에 매핑했습니다. 제가 만든 매플러라는 앱을 이용해 기름을 제공하는 주유소를 학생들이 직접 온라인 지도 위에 매핑했고 이를 통해 주유소에 대한 정보가 실시간으로 제공되었습니다.

이전엔 주유소 위치 데이터는 있었지만, 많은 주유소의 문이 닫혀 있는 상황에서 기름을 제공하는 주유소 정보가 지속적으로 업데이트되는 자료는 없었습니다. 기름이 있다가도 바로 팔려서 없어질 수 있기 때문에 지속적인 업데이트가 필요한 상황이었습니다. 그래서 우리는 커맵을 통해 매플러에 영업 중인 주유소와 재고가 떨어진 주유소, 급유 중인 주유소에 대한 실시간 정보를 색깔별로 상세하게 표시했습니다. 뉴욕시와 뉴저지주, 인근 미 북동부 지역의 주유소 수백 곳에 대한 위치 정보를 한눈에 보여줄 뿐만 아니라 주소와 연락처, 대기시간까지 알려주었습니다. 비슷한 정보를 제공하는 사이트들이 있었지만, 우리가 제공하는 정보가 가장 활용도가 높다는 평가를 받았습니다. 왜냐하면, 수많은 자원봉사자들이 전화나 SNS를 이용해 계속 정보를 업데이트했기 때문입니다.

정보를 업데이트하던 중 앞서 말씀드렸듯이 백악관 허리케인 샌디 재난 관련 담당 부서로부터 연락이 왔습니다. 그리고 미국 연방 정부 에너지국에서도 매핑을 하는 데에 필요한 것들을 제공해주었습니다. 이후 에너지국에서 운영했던 콜센터에서도 커맵으로 만들어진 주유소 현황 지도를 바탕으로 시민이 열려 있는 주유소를 찾을 때 필요한 정보를 제공하고, 또 시민이 제공한 데이터를 바로 사이트에 올리기도 했습니다. 집단지성을 이용해 실시간 갱신되는 데이터의 특성을 효과적으로 발휘할 수 있는 기회가 된 것이죠. 이후 에너지국의 장관, 최고정보책임자, 최고기술책임자 등 많은 고위 관계자들이 매플러 지도의 유용성을 인정했고, 재난을 이길 수 있게 해준 데에 대한 감사 인사를 에너지국 홈페이지에 게시하기도 했습니다.

한 ──° 위험을 가시화해서 안전을 도모한다는 말을 정확히 이해할 수 있네요. 감사합니다. 제가 일하는 분야에서 벌어지고 있는 현상을 통해 말을 덧붙이자면 이미 한국의 출판시장에서도 엘리트 저자가 아니라 집단지성이 시장을 주도하기 시작했습니다. 세상이 너무 빨리 변하기 때문에 한 사람의 엘리트가 할 수 있는 일은 거의 없어졌습니다. 그러나 초연결사회의 소셜미디어를 활용해서 의견을 모으는 집단지성을 활용하면 많은 일을 해낼 수 있을 겁니

어웨이크닝

다. 역사학자인 박세길은 『대전환기 프레임 혁명: 포스트 코로나, 사람 중심 경제로의 전환』(북바이북)에서 "독립적 지성들이 네트워크를 기반으로 상호작용하면 강력한 집단지성이 발휘될 수 있다. 시대가 요구하는 비전은 바로 그러한 과정을 거쳐 정립된다. 더 의식적이고 체계적으로 과정을 관리할 수 있다면 집단지성은 훨씬 강력하고도 효율적으로 발휘될 수 있다"고 말했습니다.

박세길은 이어서 "여기서 가장 유념해야 할 점은 '현장에 기반한 집단지성'이 되어야 한다는 사실이다. 시대 변화를 가장 정확하면서도 가장 풍부하게 가장 역동적으로 새기고 있는 최고의 교과서는 바로 '현장'"이라고 지적했습니다. 그런 면에서 임 박사님은 언제나 현장의 집단지성과 연결되어 계셨던 것이 아닌가 싶습니다.

임 ──○ 맞습니다. 말씀해주신 대로 집단지성을 이용하면 아무리 큰 재난이 와도 사람과 사람은 연결될 수 있다고, 아니 더욱 강하게 연결될 수 있다는 걸 깨달았죠. 기술과 기술을 기반으로 축적한 데이터만 있다면 그러한 연결은 더욱 공고해집니다. 당시 무척 많은 기관들의 담당자들이 서로 연락하며 재난 상황을 극복하는 것을 보고 많이 놀랐던 기억이 납니다. 얼굴 한번 본 적 없는 사이이지만 자원봉사 학생들에게 본인 사비로 식사를 제공하던 분도 있었습니다.

앞서 말했던 주유소 문제를 해결하기 위해 끊임없이 대화하고 소통하던 중, 미국 국방부에서는 "기름이 있는데도 전기가 끊겨서 제공하지 못하는 주유소가 있을 테니 발전기를 제공할 수 있도록 자원봉사자들이 정보를 업데이트하는 '주유소 커맵'에 새롭게 변수를 넣는 것은 어떻겠냐"는 제안을 했습니다. 그래서 주유소에 발전기를 제공할 수 있는 사이트의 변수가 바로 업데이트되어 자원봉사자들이 주유소에 전기공급 여부를 질문하고, 그 정보가 활용되는 일이 있었습니다.

또 자원봉사자들이 업데이트하는 이 주유소 데이터 정보는 미국 연방재난관리국 온라인 지도 사이트에도 실시간 제공되었으며 구글 재난 지도와도 연동되어 사용되었습니다. 구글 지도에서 주유소 지도를 보고 그 정보에 대해 코멘트를 남긴 내용들은 바로 매플러로 실시간 연동되어 구글 지도 사용자들이 올린 데이터 또한 커맵 사이트를 업데이트하는 데 활용되었습니다.

이처럼 행정 프로세스 문제나 불가능한 일이 발생했을 때 백악관뿐 아니라 에너지국에 있는 관계자들이 바로 일을 해결해주는 것을 보았습니다. 재정적으로 여의치 않은 상황에서는 여러 가지 대책을 강구하거나 그것마저 어려운 경우는 사비를 내놓으면서까지 적극적으로 문제를 해결하고자 했습니다.

재난이 남기고 간 상처가 어느 정도 치유될 즈음, 허리케인 샌디

어웨이크닝

로 인한 재난 상황에 사용된 커맵이 고등학교 학생들의 활동을 통해 진행되었고, 학생들이 만든 지도가 재난을 극복하는 데 유용하게 사용된 것이 미국의 각종 언론사를 통해 세상에 알려지게 되었습니다. 커맵의 핵심인 '한 사람의 작은 행동이 지역사회 또는 세상을 바꿀 수 있다는 것'을 많은 사람들이 알 수 있는 계기가 된 것입니다.

다시 한번 강조하자면 재난 시에는 정부 기관뿐만이 아니라 시민단체, 민간기업, 그리고 시민과의 소통이 무엇보다 중요합니다. 또 재난에 대한 구호와 관리를 효율적으로 하기 위해서는 재난이 일어난 후에 많은 양의 정보를 수집하는 것과 함께 정보를 쉽게 공유할 수 있는 상호 운영성에 기반을 둔 커뮤니케이션 시스템과 운영 시스템 등도 매우 중요하다고 생각합니다. 그러나 무엇보다 중요한 것은 실제 재난 현장에서 발생하는 보이지 않는 작은 일에 대해 서로 배려하고 집단지성을 통해 문제를 해결하는 사람과 사람의 관계입니다. 이것은 하루아침에 자동으로 만들어지는 것이 아닙니다. 지역사회의 작은 일에서부터 문제를 발견하고 이를 해결하기 위해 지속적으로 데이터를 모으고 공유해 문제를 해결해가는 훈련을 통해 축적되는 공동체의 저력입니다.

—• 2012년, 300년 만에 온 허리케인 샌디 피해 광경. 뉴저지 해안 주택가.

—• 미국 허리케인 샌디 당시 에너지국 장관인 스티브 추가
임완수 박사에게 보낸 서신.

어웨이크닝

지구 환경을 위한 커맵 프로젝트

한 ──◦ 한 사람의 작은 행동이 지역사회와 세상을 바꿀 수 있다
는 말에 깊은 인상을 받습니다. 자본주의 사회에서 사람들은 끝없
는 성장을 추구하고 성공한 자들을 칭송하면서 그 과정에서 소진
된 자원쯤은 아랑곳하지 않고 살아왔습니다. 1997년의 IMF 외환
위기, 2003년의 카드대란, 2008년의 글로벌 금융위기 등 주기적
으로 찾아오는 위기는 무한 번영의 시대가 끝나가고 있음을 일깨
워주고 있습니다. 게다가 시시때때로 닥쳐오는 자연재해는 인간
에게 한없는 무력감을 심어주었습니다. 지구온난화로 인해 자연
재해는 갈수록 심각한 양상으로 전개되고 있습니다. 결국, 코로나
19라는 팬데믹의 위기까지 맞이해 우리는 불안에서 헤어나지 못
하고 있습니다.

　미래를 전혀 예측할 수 없는 상태에서 벌어지는 위기의 일상화
는 인간에게 감당할 수 없는 고통과 슬픔, 심한 좌절감을 안겨주었
습니다. 속살을 겉으로 드러낸 정보 기술IT 혁명은 1등에게만 부와
명예를 모두 몰아줄 뿐만 아니라 '고용 없는 성장'을 낳는 주범이
라는 확실한 인식을 사람들에게 심어주었습니다. 평범한 개인은
그저 희망 없는 하루를 살아내기에만 급급했습니다.

　그런 면에서 커맵은 평범한 개인이 세상을 바꿀 수 있다는 희망

을 안겨주고 있습니다. 그것만으로도 엄청난 가능성이 있는 것이 아닌가 싶습니다.

임 박사님은 이러한 자연재해 사례 외에도 환경 문제와 관련된 프로젝트도 진행하셨지요? 자연재해도 인재라는 말이 있지만, 기후 변화나 생태계 파괴는 분명한 인재인 것 같습니다. 전 지구적인 차원의 고민이 될 만큼 인류의 생존을 위협하고 있지요. 기후 위기와 전염병이 맞물리면서 자연히 기존의 쓰레기 문제는 더욱 심각해지고 있습니다. 전문가들은 누군가의 공허한 외침이었던 환경 문제가 누구나의 현재로 소급된 것이라고 말합니다. 사람이 흔히 쓰는 '환경'이라는 말의 의미는 정확히 무엇일지에 대해 박사님의 의견을 듣고 싶습니다.

임 ──∘ 환경이란 '사람을 둘러싼 환경 및 환경 문제를 가리키는 경우'와 '생물을 둘러싼 환경' 두 가지의 의미로 쓰입니다. 사람을 중심으로 이야기하는 경우, 사람을 둘러싼 모든 것을 환경이라고 합니다. 생태학에서는 사람을 포함한 모든 생물을 둘러싼 생물적 환경과 비생물적 환경이 생물의 삶과 영향을 주고받는다고 인식합니다. 사람을 둘러싼 모든 것을 환경이라고 할 때, 이를 다시 사람이 만들어온 문명과 같은 인문환경과 자연환경으로 나눌 수 있습니다. 인문환경에는 도시, 다리 및 도로와 같은 구조물, 사회 시스템이나 문화 등이 포함되며, 자연에는 동물, 식물 등과 같은 생물 및 생태계, 무기물 등이 포함됩니다.

환경의 범위는 사람을 제외한 모든 대상을 포함하기에 우리 주변에서 일어나는 거의 대부분의 문제가 환경 문제에 속하게 됩니다. 즉, 환경 문제는 개별유기체 또는 유기체 집단을 둘러싸고 그에 영향을 미치는 모든 조건 및 주변 여건을 가리키므로, 이는 유기체의 생존과 삶의 질에 영향을 미치게 됩니다. 따라서 인간의 생존과 삶의 질에 부정적인 방향으로 영향을 미치는 문제라고 할 수 있습니다. 우리가 살고 있는 지구는 환경파괴와 자원 고갈로 서서히 죽어가고 있다고 해도 과언이 아닙니다. 환경 문제란 가장 일반적인 문제인 동시에 우리가 당면하는 사회 문제 모두를 포괄합니다. 그런데 우리는 이러한 문제에 대해 아직 충분히 인식하지 못하고 있습니다.

2020년 세계경제포럼WEF이 발표한 「2020 세계 위험 보고서」에서 기후 변화를 비롯한 환경 문제들이 2020년대에 인류가 맞닥뜨릴 가능성이 높은 '5대 세계 위험요인'을 휩쓸었습니다. 이 보고서에 따르면 세계 산업계 지도자들과 NGO, 학자 등을 대상으로 설문 조사를 한 결과 2020년대에 발생 가능성이 가장 큰 위협으로 '기상 이변'이 꼽혔으며 뒤이어 기후 변화 대응 실패, 자연재해, 생물 다양성 상실, 인간 유발 환경재난을 2~5위로 꼽았습니다.

2006년부터 조사를 시작한 이래로 환경 문제들이 5대 위험요인을 독차지하기는 이번이 처음이었다고 하는데, 이는 그만큼 우리 사회에 환경 문제가 점점 심각해지고 있음을 말해줍니다.

하지만 환경 문제에 대한 대책은 그 심각성에 비해 미흡합니다. 환경권은 복지권과 마찬가지로 사회적 기본권의 하나이기 때문에 적극적으로 보장됩니다. 이를 위해서는 우리 스스로 환경과 자연을 지키려고 무엇이든 해야 합니다. 저는 이러한 추세에 발맞춰 커맵을 통한 환경/자원 보호를 실현해보고자 노력하고 있습니다.

한 ──° 환경 문제와 관련된 커맵이 사회적 기본권인 환경권을 주장하고 지키는 일에도 나서고 있다는 뜻이네요. 제가 궁금한 점은 '매핑 작업으로 기후 변화, 자원 고갈, 생태 파괴와 같은 문제를 개선하는 데에 어떤 식으로 기여하는가'입니다. 환경을 인문환경과 자연환경으로 구분하셨지만, 사회 시스템이나 문화 같은 것을 빼면, 환경은 대체로 물질적인 것들이지요. 이 환경을 지키기 위해 커맵은 어떤 식으로 참여하고 있는 건가요?

임 ──° 제가 진행한 환경 커맵에 관련해 예를 들어보자면, 대표적으로 알래스카의 '코도바 연어 매핑'을 말해드릴 수 있겠네요. 연어 떼와 커맵은 어떤 관계가 있냐고요?

코도바는 알래스카 남쪽에 있는 코퍼강Copper River 입구에 있는 작은 도시입니다. 이 지역의 주요산업은 연어잡이인데, 연어잡이를 대체할 수 있는 산업이 없는 환경으로 인해 연어를 계속 잡을 수 있는 생태계를 유지하는 것이 무엇보다 중요합니다. 그래서 연어라는 자원을 보호하기 위해 2013년 시민참여 과학 프로젝트의 일환으로 모든 물줄기에 있는 물고기들을 샘플화해 보고하는 작업을 진행했습니다. 이 과정에서 지역 토속 물고기 종류와 서식지에 대해 배우고, 어류 관리에 도움이 되는 데이터를 모으는 데 175명의 학생들과 60여 명의 성인이 참여해 약 30개의 개울에 대한 조사를 진행했습니다.

미국에서 열 번째로 큰 강인 코퍼강은 알래스카만에 가장 많은 양의 민물과 영양분이 될 수 있는 침전물을 제공하는 강입니다. 이 강으로는 산과 빙하에서 나오는 침전물로 인해 하루에 엄청난 양의 침전물이 흐릅니다. 이 해빙에는 진흙과 침전물 그리고 철분을 비롯한 많은 영양분이 포함되어 있는데, 알래스카만과 프린스 윌리엄사운드로 흘러가 플랑크톤의 중요한 영양분이 됩니다. 영양분이 가득한 빙하의 녹은 물이 바다에 도착하면 조류에 의해 영양분이 부족한 곳까지 곳곳에 전달되어 플랑크톤이 많이 자라게 되고, 이러한 플랑크톤은 바다의 어류, 특히 연어, 그리고 조개, 새 및 다른 해양 동물의 먹이사슬에 영양 제공자가 됩니다. 해빙의 흐름

—● 미국 알래스카 코도바 해안가에 다른 나라에서 온 해양 쓰레기가 이곳저곳에 널려 있다..

을 이해하면 해당 지역의 수자원 생태계를 이해할 수 있습니다. 그래서 부이_{buoy, 바다에 떠다니면서 정보를 수집하는 플라스틱 풍선과 같은 기구}를 이용해 바다의 온도와 조류의 속도, 방향 등을 측정한 데이터를 매핑하게 되면 빙하에서 나오는 영양이 풍부한 민물이 어느 곳에 어떻게 제공되는지 알 수 있게 됩니다. 이러한 방식으로 환경적으로 중요한 알래스카 해변에 있는 쓰레기도 매핑을 했고요.

이 프로젝트를 진행하던 중에 조금 부끄러운 일화도 있었는데 괜찮으시다면 말씀드릴게요. 해류로 인해 동아시아 쪽의 바닷물은 태평양을 지나 알래스카와 캘리포니아 부근으로 흘러요. 그래서 자연스럽게 한·중·일 3개국에서 발생한 해양 쓰레기가 해변에 쌓이게 되죠. 하루는 쓰레기 매핑을 하러 다 같이 해변에 갔는데 한국 쓰레기들이 제 눈에 보이는 겁니다. 그 사람들은 쓰레기에 쓰여 있는 언어를 모르니 제가 말해주기 전까지는 어느 나라에서 발생한 쓰레기인지는 모르더라고요. 차마 말해줄 수 없을 정도로 민망했어요(웃음). 아무튼, 이걸 계기로 해변에 존재하는 쓰레기들에 어떤 언어가 쓰여 있고, 어떤 나라에서 발생한 것인지도 매핑했습니다. 그때 그 경험을 바탕으로 이번에는 제주도 해안가에서 똑같은 프로젝트를 진행해보고자 계획 중입니다.

한 ──○ 커맵이 먼 알래스카의 작은 어촌에서도 자연과 어족자원을 보호하기 위해서 쓰이고 있다는 뜻이네요. 곧 제주와 같은 관광도시에서도 쓰이겠고요. 정말 뿌듯하고 감탄스러운 일입니다. 하지만 머나먼 알래스카 앞 바다에서까지 한국 쓰레기들이 발견된다니, 듣는 저까지 부끄러워집니다. 해양 쓰레기뿐 아니라 각종 쓰레기로 국내 전 지역이 몸살을 앓고 있는데요, 음식물 쓰레기도 그중 하나입니다. 녹색연합이 조사한 바에 따르면, 국내 온라인 음식 서비스 규모는 2017년 2조 7,000억 원에서 2020년에 17조 3,000억 원으로 3년 동안 6배가량 성장했습니다. 하지만 배달 앱의 성장과 함께 일회용 플라스틱 쓰레기도 폭발적으로 증가하고 있다는 데

문제의 심각성이 있습니다. 녹색연합은 통계청의 음식 서비스 거래액을 분석해서 배달음식이 매일 270만 건가량 주문되고 있고 이로 인해 최소 830만 개의 일회용 배달 용기가 쓰레기로 버려지고 있다고 추산했습니다. 이러한 상황에서 서울은 쓰레기 매립지를 구하지 못해 전전긍긍하고 있다고 합니다.

임 ──∘ 우리의 삶을 윤택하게 해주는 배달 서비스가 우리의 목을 서서히 조여오는 부메랑이 될 수도 있다는 생각이 드네요. 지금 우리는 미래를 담보로 편리한 생활을 영위하고 있는 것이 아닌가 싶습니다. 일상생활에서 우리가 환경보호에 너무 무심한 건 아닌지 돌아볼 필요성을 느낍니다. 이러한 생각을 바탕으로 제가 미국에서 했던 학교와 관련한 커맵 프로젝트들은 주로 환경과 관련이 많았습니다. 하나는 하천의 수질오염을 측정하고, 결과를 서로 비교할 수 있는 온라인 지도입니다. 또 다른 프로젝트로는 지역의 광물질을 수집한 후, 광물질에 대한 정보를 올릴 수 있는 온라인 지도 만들기가 있었습니다. 각 분야 선생님들이 낸 아이디어의 대부분이 환경과 역사에 관한 내용이었다는 점이 가장 흥미로웠습니다. 학생들은 이 과정에서 수질오염을 측정하는 방법과 광물질을 시각으로 판단하는 법을 배웠습니다. 또, 이 정보들을 갖고 기존 데이터와 비교 분석하는 방법과 여러 가지 시공간적인 분석법을 배웠죠.

미국 뉴저지에 있는 많은 지자체가 야생사슴의 개체 수를 조절하는 일에 매년 골머리를 앓고 있어요. 야생사슴으로 인한 교통사고가 빈번하고, 라임병을 옮기는 원인을 제공하기 때문입니다. 2006년에는 뉴저지 버나드 타운십에 있는 고등학교에서 지역의 야생사슴을 지도 위에 그리는 프로젝트를 했습니다. 학생들이 통학길에 야생사슴이 차에 치인 것을 발견하면, 그 위치를 온라인 지도에 올렸습니다. 그리고 학생들은 야생사슴의 위치에 관한 패턴을 보고, 어떻게 야생사슴의 개체 수를 조절할 수 있을지 연구했습니다. 지역에서는 야생사슴 개체 수를 조절하는 것이 행정의 한 부분이지만, 데이터를 직접 수집할 수 없어 학교 커리큘럼과 연계했습니다. 이 방법은 지역에도 도움이 되지만, 학생들에게도 지역을 돕는 프로젝트를 하면서 환경과 과학을 배우는 중요한 기회가 됩니다.

국내에서도 선생님이 주도해 시작된 환경 프로젝트가 있고, 학생들이 주도해 시작한 커맵 프로젝트도 있습니다. 2012년 전북 무주 푸른꿈고등학교에서 실시한 반딧불이 커맵 프로젝트는 반딧불이로 유명한 고장에 살고 있는 학생들에게 관심을 갖게 하고, 주변에 있는 반딧불이를 함께 찾아봄으로써 지역사회의 일원으로 역할을 수행한다는 생각을 갖게 하고자 시작된 프로젝트입니다. 학생들은 이 과정에서 반딧불이를 찾아 매핑하고, 조형물을 지도 위

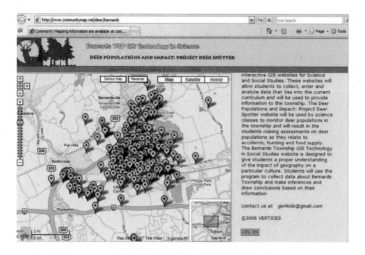

—• 미국 뉴저지주 버나드 타운십에서 로드킬당한 사슴의 위치를 표시한 커뮤니티매핑. 고등학교 교과과정에 쓰였다.

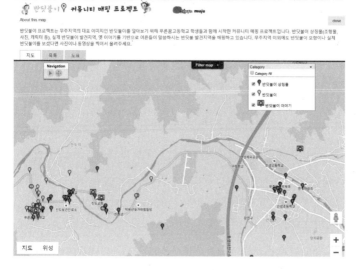

—• 반딧불이로 유명한 전북 무주에서 푸른꿈고등학교 학생들과 함께한 반딧불이 커맵 프로젝트.

어웨이크닝

에 올려놓고, 반딧불이에 대한 동영상을 촬영·편집하고, 환경에 관해 배웠습니다. 또 학생들에게 친숙하지 않은 반딧불이에 대해 관심을 갖게 하는 데 큰 기여를 했죠. 결과적으로 이 프로젝트는 학생들에게 연구와 SNS를 접목할 수 있다는 것을 알려주는 좋은 계기가 되었고 무주를 홍보할 수 있는 좋은 기회를 제공했습니다.

경기도 고양외국어고등학교의 경우는 '숨비소리팀' 학생들이 커맵을 이용해 공릉천 수질오염 실태를 중심으로 지역사회 발전에 대한 연구를 진행하기도 했습니다. 학생들은 이 프로젝트로 수질오염과 집단지성에 대해 배울 수 있었습니다. 고등학생들이 자발적으로 커맵 프로젝트 연구를 한 것은 무척 고무적인 일이라고 생각해요.

한 ——。 한국 학생들도 커맵 프로젝트에 참여했다니 반가운 이야기입니다. 남녀노소, 동서양 막론하지 않고 모두가 공감할 만한 환경 문제였기에 더욱 큰 의미로 다가오는 것 같습니다. 사실 성인이 볼 때 학생은 피동적 존재이고, 공부나 열심히 해야 할 존재인 것 같지만, 반딧불이 프로젝트에 참여했던 사례처럼 지역사회에 기여하고, 우리 사회의 미래뿐 아니라 현재까지 이끌어가는 주체적 존재가 충분히 될 수 있다는 생각이 드네요. 특히 환경 문제는 청소년에게 현재의 문제이기도 하지만 다가올 미래에는 더욱 심각한 문제로 대두될 것 같거든요. 청소년이 이러한 프로젝트에 참여할 때의 관건은 무엇일까요? 무엇이 있어야 더 많은 청소년의 참여를 이끌어낼 수 있을까요?

임 ──° 문제가 무엇인지 인지하는 건 기본이겠죠. 즉 환경 변화 현상을 제대로 배워야 한다는 뜻입니다. 이때 기후 변화가 생각보다 심각한 문제가 아니라는 식의 주장을 하는, 전문가 집단의 가짜 정보도 잘 구분할 수 있어야 하고요. 이런 주장을 하는 전문가들은 자본가와 결탁해 있고, 자본가들은 정치가와 결탁해서 자신들에게 유리한 가짜 정보를 흘려 여론을 형성하려고 합니다. 정말 주의해야 해요. 그다음으론 지리 정보에 표현된 여러 가지 정보를 시각화하면서 배우는 부분이 중요합니다. 학생들이 '참여'를 하면서 정보를 같이 수집하고, 모인 데이터는 학생들에게 참여의식을 주고, 또 그들이 수집한 데이터로는 여러 가지 분석이 가능하게 되면서 참여자 모두가 자긍심을 느끼게 됩니다. 예를 들어보자면 주민과 학생 들이 참여해 어류와 서식지에 관해 배우고, 모인 데이터를 통해 어종을 관리하는 연어 블리치 프로젝트, 부이 센서를 이용해 해빙에서 나오는 영양분의 움직임을 파악해 환경을 관리하는 프로젝트 등 모두가 지도를 이용해 환경 문제를 해결하고, 자연을 보호해 세상을 바꾸는 일이라 할 수 있겠죠.

코로나 '마스크 시민지도' 커맵

한 ──∘ 최근 전 지구적으로 가장 큰 위험 이슈는 아무래도 코로나19가 아닌가 싶습니다. 2020년 2월에 시작된 상황이 생각보다 더 장기화되었지요. 저는 한 칼럼에서 듣기 거북할 수도 있겠지만 어쩌면 코로나19는 이런 4차산업혁명 기술의 진화에 박차를 가하는 화룡점정처럼 여겨진다는 취지로 글을 쓴 적이 있습니다. 하여튼 우리는 팬데믹이 온 뒤에야 대전환의 의미를 확실하게 깨닫기 시작했습니다. 초연결사회를 살아가는 우리는 새로운 사고를 통해 '뉴 노멀(새로운 표준)'을 찾아내야만 합니다. 코로나19가 전 세계인에게 지대한 영향을 미쳤다는 사실은 부정할 수 없습니다. 개인의 사생활부터 공공의 부문에까지 영향을 미치지 않는 영역이 없지 않습니까.

여전히 기억에 남는 대란은 마스크였습니다. 정말 '대란'이라는 표현이 과하지 않은 상황이었어요. '아니, 마스크 하나 사려고 이렇게 온 국민이 절절매야 하나, 정말 꼭 마스크를 모두 다 써야 하는 건가, 과민한 대응 아닌가.' 다들 혼란한 중에 저 역시 마스크를 어디서 구입해야 할지 몰라 난처해하고 있었는데, 저희 회사에서 가장 젊은 직원이 스마트폰으로 앱을 하나 켜더니 회사 근처 약국 어디 어디로 가라고 알려주더라고요. 알려준 약국들에서도 마스크를 한 장도 구입하지 못했습니다만, 하여튼 그게 '마스크 앱'이라는 걸 알게 되었지요. 그리고 임 박사님을 만나 그게 바로 커맵의 소산 가운데 하나라는 걸 알게 되고 전율이 일었습니다. 이와 관련해서 좀 자세히 말씀해주시겠어요?

임 ──○ 하하, 전율까지 느끼셨다고요? 자세히 말씀드리자면 2020년 1월 20일 국내 첫 코로나19 환자가 발생하고 얼마 지나지 않은 2월 초, 마스크 대란이 찾아왔습니다. 코로나19 감염을 1차적으로 막을 수 있는 방역물품으로 마스크는 선택이 아닌 필수였지만, 공급이 수요를 맞추지 못하면서 가격은 천정부지로 치솟았고, 정부는 '마스크 및 손 소독제 긴급수급조정 조치'를 취했습니다. 그리고 2월 말, 마스크 생산량의 대부분을 약국을 비롯한 공적 판매처에 공급하는 '마스크 공적 판매' 제도를 시행하죠. 하지만 혼란은 쉽사리 수그러들지 않았습니다. 판매처별 마스크 수량이 공개되지 않아 전국 각지의 약국 앞은 시장통처럼 인산인해였습니다. 마스크가 도착하기 전부터 40~50명이 약국 앞에 줄지어 서 있는 모습을 어디서나 흔히 볼 수 있었을 정도였지요. 정부는 이 문제를 해결하려고 공적 마스크의 공급을 늘리고, 마스크 배급제를 시행하며 판매 정보를 공개하는 등 대책을 내놓았지만 근본적으로 문제를 해결하는 데는 어려움이 있었습니다.

어웨이크닝

마스크 가격도 배 이상으로 뛰었고 그마저도 온라인이든 오프라인이든 구하기 어려운 상황이 벌어졌습니다. 마스크를 사고 싶어도 판매처를 알 수 없었고, 판매처를 확인해 찾아갔을 때는 이미 매진된 상태가 다반사였으며, 마스크를 사기 위해서는 장시간 줄을 서야 하는 수고를 감수해야 했습니다. 상황이 이렇다 보니 마스크 사려다 오히려 감염되지 않을까 하는 걱정 섞인 불만들이 쏟아졌습니다.

마스크 판매처의 고충도 컸습니다. 1인당 일주일에 2매씩만 구입할 수 있는 마스크 5부제 시행으로 약사들이 과중한 업무 부담을 호소했습니다. 특히 약사 한 명이 운영하는 '1인 약국'의 경우는 마스크 판매에 치여 본연의 업무가 마비된 상황이었습니다. 운영시간 내내 오는 문의 전화와 함께 5부제 관련 세부내용을 손님들에게 일일이 설명하는 시간까지 감안하면 실제 업무 부담은 더 컸으며, 이에 더해 마스크를 구매하지 못한 손님들의 가시 돋친 말들은 힘든 상황을 더욱 가중시켰습니다.

코로나19로 인해 야기된 마스크 대란을 해결하기 위해 정부는 마스크 공급을 통제하는 한편 3월 10일부터 마스크 판매처와 판매량을 포함한 공적 마스크 공급 현황 정보를 공개했습니다. 이와 함께 다양한 민간단체 및 기업들이 공적 마스크 공급현황 정보를 활용한 앱을 개발해 공급했습니다. 스마트폰을 가진 누구나 쉽게 마스크가 있는 곳을 앱으로 확인할 수 있게 된 겁니다. 하지만 정부가 제공하는 정보에 의존한 공적 마스크 공급 현황 정보는 시의성 측면에서 문제점을 여실히 드러낸 서비스였습니다. 마스크의 재고 현황은 약국의 재고 관리 시스템을 통해 자동으로 업데이트된다고는 하지만 '실제 존재하는 재고'와 약사들이 판매량을 입력하는 시간의 차이, 재고량 데이터 처리에 들어가는 지연시간, 그리고 일부 약국에서 시행 중인 번호표 제도 등 현장의 정보가 정확하게 업데이트되지 않을 수 있는 여지 등 다양한 외부 요소를 통제할 수 없었습니다. 실제로 재고가 있다고 표시되지만 이미 완판되어 있는 경우가 많이 발생했습니다. 또한, 재난 시 정부가 일방적으로 제공하는 공공 정보의 한계도 드러났습니다. 마스크 공급 현황 정보의 경우 정부가 80퍼센트 이상의 물량을 통제하고 있었기 때문에 정보를 일괄적으로 제공할 수 있었습니다. 하지만 재난의 때에 필요한 긴급 물품들 중 정부가 통제하지 못하는 것들에 대한 정보는 현행 공공정보제공 체제하에서는 제대로 제공할 수 없습니다. 현장의 정확한 정보가 실시간으로 입력될 수 있는 체계가 아직 마련되어 있지 않은 것입니다.

저는 이러한 정보수집의 한계에 대한 보완이 필요하다고 느꼈습니다. 그래서 커맵을 통한 시민들의 참여로 공공정보 서비스를 보완하고 마스크 대란 때문에 큰 불편을 겪고 있던 시민들의 문제 상황을 해결하려고 이 프로젝트를 기획하게 된 겁니다.

한 ──° 이 지점에서 제가 궁금한 점은 '어떤 시민들이 어떻게 참여했느냐'예요. 커맵에 관해 들을수록 이 프로젝트가 세대 간, 민관 간 협력을 이끌어내는 힘이 있다는 생각이 듭니다. 특히 학생들이 참여한 일화를 들으면서는 확실히 교육적 성격이 강하다는 인상을 받았어요.

임 ──° 맞는 말씀이십니다. 마스크 대란이 지속되는 가운데 2020년 2월 28일 전국 각지의 중고등학교 교사, 프리랜서 강사 등이 모인 구글 교육자 모임_{Google Educator Group South Korea}에서 주관한 커맵 워크숍에서 '마스크를 판매하는 곳과 그곳의 재고 현황을 매핑하자'는 의견이 나왔고 참여자 모두의 적극적인 동의하에 '함께하는 커맵팀'이 결성되었습니다.

　마스크 지도 프로젝트팀의 구성원은 다양했습니다. 초·중·고등학교 교사 및 대학교수는 물론이고 강사와 학회 등 교육과 관련된 다양한 직군이 총망라되어 있었습니다. 또한, 지역도 서울, 경기, 충남, 대구, 목포뿐만 아니라 일본, 미국 테네시주, 네브래스카주 등 국제적으로 다양하게 분포되어 있었습니다. 각자의 일이 있고 지역적으로 흩어져 있는 데다 시차가 다른 한계가 있었지만, 코

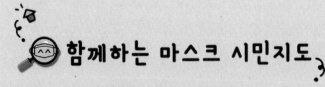

—• 전국의 교사 열두 명과 커뮤니티매핑센터가 같이 만든 코로나 마스크 시민지도 카드뉴스.

로나로 인한 문제를 함께 극복하기 위해 개인의 시간을 내어놓고 3월 1일부터 14일까지 한국시각으로 밤 10시, 미국시각으로 아침 7시에 줌Zoom 화상회의로 매일 만났습니다. 마스크가 필수품이 된 상황에서 마스크 재고를 파악할 수 없는 현실에 모두가 분노했으며 대구, 경북 지역의 어려움에 조금이라도 도움이 되었으면 하는 마음을 공유하고 있었기에 처음 만난 사람들이지만 시작부터 강한 유대감으로 출발했습니다.

우선 마스크 판매처와 판매처의 재고를 실시간으로 제공해 실생활에서 마스크로 인한 혼란을 줄이는 것을 목표로 했습니다. 시민들의 불편이 지속적으로 누적되는 상황이었기 때문에 최대한 빠른 시일 내로 앱을 만들어 공유하는 것이 필요했습니다. 팀원들은 순수하게 자발적 동기를 통해 모인 만큼 각자가 가지고 있는 능력과 개인의 시간을 보태어 함께 머리를 맞대고 온라인 미팅을 통해 우리 모두를 위한 지도를 만들어갔습니다.

이 마스크 시민지도 프로젝트의 핵심은 마스크의 재고 데이터를 지도에 입력해 누구나 확인할 수 있게 하는 것과 시민 누구나 마스크 데이터를 입력할 수 있게 하는 것이었습니다.

시민들의 참여가 절대적으로 필요한 프로젝트인 만큼 마스크 시민지도가 공개되기 이전부터 팀원들은 홍보를 위한 준비도 함께 진행했습니다. 마스크 지도를 설명하는 웹페이지 제작, SNS에 게시할 카드뉴스를 제작했으며 마스크 지도에 정보 업로드 방법을 설명하는 동영상까지 제작을 했습니다. 언론사에 보낼 보도자료를 작성하고 학생과 시민이 함께하는 자원봉사팀을 꾸려 프로젝트 실시를 위한 준비를 했고, 마스크 지도의 이름을 '마스크 시민지도'로 결정했습니다. 2020년 3월 2일 마스크 판매정보와 함께 응원의 메시지를 전하는 정보공유와 소통의 통로인 '마스크 시민지도' 사이트(coronamask.today)를 매플러를 이용해 만들었고 온라인상에 열었습니다. 약국 등 판매처의 마스크 현황을 사람들이 공유할 수 있는 기능과 함께 '현장의 소리' 기능을 통해 줄을 서서 마스크를 기다리는 사람들이 현장정보를 실시간으로 올릴 수 있도록 했습니다. 빠른 업데이트를 위해 필수 정보로 범례를 최소화해 혼란을 피할 수 있도록 조치했습니다. 마스크 시민지도는 시민들의 힘으로 모두가 처음 겪는 어려움을 함께 극복해보자는 취지의 재난 극복 커맵이었습니다. SNS를 활용한 적극적인 홍보와 학교 선생님들의 학생들에 대한 활동 독려가 큰 도움이 되었습니다. 코로나19에 감염될지도 모른다는 불안감으로 촉발된 마스크 혼란에 그냥 주저앉아 보고만 있을 수 없어 시작한 팀의 자발적인 참여와 그 온기의 결실이 눈에 보이기 시작했습니다. '마스크 시민지도'가 사람과 사람을 통해 확산되었고, KBS 등 각종 방송 매체를 통해 더욱 빠르게 공유되었습니다. 전국에서 데이터가 입력되고 각지에서 도움을 얻었다는 후기가 실렸습니다.

한 ——。 말씀하신 커맵팀에서 구상하고 진행한 프로젝트인 '마스크 시민지도' 말고도 정부가 제공하는 다른 마스크 지도도 있었다고 하셨는데요, 마스크 시민지도가 그런 관의 지도와 가장 달랐던 점은 무엇일까요? 위치 정보를 기반으로 마스크 관련 정보를 제공한다는 점에서 완전히 같은 기능을 한다고 보이는데, 시민지도가 이렇게 큰 주목을 받게 된 배경은 역시 빠른 집단지성으로 빠르게 업데이트되는 정보의 정확성이었을까요?

어웨이크닝

임 ──° 네, 마스크 지도는 '마스크 알리미' '마스크 사자' 등 정부에서 제공하던 앱들도 있었습니다. 시민지도는 이것들과 달리 시민들이 직접 정보를 입력하는 행위를 통해서 더욱 정확한 정보를 제공하게 한다는 점에서 달랐죠. 거기에 더해 시민들이 정보를 주고받으면서 서로를 향한 따뜻한 응원 메시지를 전하는 것 자체로 긍정적인 효과를 낳기도 했고요. 커맵을 활용한 '마스크 시민지도'는 시민 참여를 통해서 현행 공공정보 제공 방식의 문제점을 극복할 수 있는 체계 수립의 가능성을 보여주었습니다. 또한, 참여하는 시민들에게 개개인의 작은 힘이 모여 큰 문제를 해결하는 경험을 줘서 코로나19라는 전 지구적 재난으로 인한 우울감과 패배감을 극복하는 계기를 마련해주기도 했습니다.

이러한 마스크 시민지도의 운영사례는 코로나19로 인해 개학이 연기되어 학생들의 학업 공백과 교육 결손을 막기 위해 대구지역 선생님들을 중심으로 시작된 학습 사이트인 학교가자닷컴(daily.gegdaegu.org), 중등학교가자닷컴(mid.gegdaegu.org/home)에도 소개되어 많은 학생들이 커맵에 참여하는 데 도움을 주었습니다. 학교가자닷컴에서의 마스크 시민지도 소개는 학생들에게 커맵을 활용하면 모두의 위기상황을 함께 극복할 수 있다는 메시지를 주어 학생들에게도 큰 감흥을 주었고, 전국적인 참여 확산과 함께 커맵의 가치를 다시 한번 확인하는 계기가 되었습니다. 학생들이 마스크를 사러 나간 김에 마스크 시민지도에 참여한 생생한 참여 후기와, 온 가족이 함께 마스크 시민지도 커맵에 참여한 사례들이 학교가자닷컴 사이트에 게시되었으며, 재난과 위기 상황에서 커맵을 통한 시민들의 협력이 어떤 긍정적인 결과를 가져올 수 있는지에 대한 좋은 본보기가 되었습니다.

그뿐만 아니라 목포 정명여자중학교에서는 마스크 시민지도를 널리 알릴 수 있도록 홍보하는 차원에서 1학년 1개 학급에서 시작한 SNS 프로필 변경이 전교생으로 확대되었고, 이후 자연스럽게 가족과 친지와 같은 주변으로도 확대되었습니다. SNS 프로필 변경을 통해 마스크 시민지도를 알리고 코로나19 위기극복 독려 메시지를 학생들과 일반인이 함께 올리면서 '시민의 힘으로 완성하는 마스크 지도'로서의 특성을 잘 반영했습니다. 정명여중 학생들은 마스크 시민지도 데이터 입력 및 SNS 프로필 변경 캠페인을 통해 모두가 어려운 상황에서 작게나마 도움이 되고 기여할 수 있었다는 것에 큰 기쁨과 보람을 느꼈다고 합니다. 또한, 시민의 범주에는 응당 학생들도 포함되니까 학생들에게는 이런 활동이 자연스럽게 시민으로서의 참여의식을 북돋는 계기가 되었을 테고요. 자신이 어떤 사회, 어떤 공동체, 어떤 조직에 소속되어 있으며, 자신이 사회적 존재로서 어떤 변화를 낳을 수 있는지 직접적으로 경험한 것입니다.

어웨이크닝

교육 분야에 힘을 기울이는 커맵

한 ──○ 아까 잠시 언급했듯이 역시 커맵은 교육 분야에 선한 영
향력을 미치고 있군요. 더욱이 임 박사님은 대학교수이시기도 하
니까 교육의 힘이 얼마나 강력한지에 대해서는 누구보다 잘 알고
있다고 생각해요. 앞서 실제로 커맵을 본격적으로 하게 된 계기가
아벨 팔로모라는 학생 때문이었다고 하셨죠. 저도 출판 일에 뛰어
들기 전에는 학교 교사가 꿈이었습니다. 대학도 사범대학에 진학
했고요. 물론 그 꿈을 이루지는 못하고 '인쇄밥'을 먹게 되었지만,
그러한 의식은 강하게 남아서 계속 변화와 혁신에 대한 신조를 품
고 사는 것 같습니다. 개인적으로 교육이라는 게 단지 정보와 지식
을 주입하는 게 아니라 인식을 변화시키고, 변화를 기반으로 혁신
을 도모하도록 하는 것이라 생각하거든요. 그런 의미에서 '학교도
서관저널'이라는 출판 브랜드를 론칭해 잡지와 단행본을 출간하
고도 있습니다. 그 출판 브랜드에는 학교 선생님들과 함께하는 책
이 많이 출간되고 있어요. 임 박사님은 현재의 학교 교육 제도에 대
해 어떻게 생각하시는지 궁금하고, 커맵 선구자로서 이 교육과 프
로젝트를 어떻게 연계하시려는 건지 궁금합니다.

임 ──○ 출판 일을 하시면서도 교육에 대한 열정이 하나도 식지

않으신 것 같네요(웃음). 정말 대단하십니다. 제 생각에 지금 한국의 교육제도는 획일적인 시험과 입시 위주 교육으로 인한 인성교육 부족이 상당히 우려스러울 정도라고 생각합니다. 체험과 사고를 통해서 배우는 프로젝트 기반 학습 방법은 학생들의 참여를 유도하고, 배움을 재미있게 하면서 교과교육과 인성교육에 도움이 될 수 있습니다. 현재 한국에서 시범 운영 중인 자유학기제는 2016년부터 모든 중학교에 적용되었습니다. 자유학기제란 중학교 교육과정 중 한 학기 동안 학생들이 중간·기말고사 등 시험 부담 없이 자신의 꿈과 끼를 찾도록 하는 것을 목표로 하는 것입니다. 기본교과를 가르치되 토론, 실험, 실습, 현장체험, 프로젝트 학습 등 자율과정을 강화하는 것을 말합니다. 학생들이 살고 있는 지역에 대한 프로젝트를 하면, 학생들에게 더 많은 흥미와 참여를 유도할 수 있겠죠? 지역사회에 다양한 프로젝트가 제공된다면, 학생들은 더욱더 적극적으로 지역사회를 배우고, 마을에 도움이 될 수 있는 여러 가지 프로젝트를 할 수 있습니다. 공동체 지도 만들기인 커맵은 지역의 학생들이 자신이 살고 있는 마을에 대한 체험학습을 하게 하고, 마을과 관련된 프로젝트를 하게 함으로써 지역을 더 알고, 마을에 대해 새로운 것을 깨달을 수 있도록 합니다. 마을에서는 학생들에게 필요한 프로젝트와 정보를 제공함으로써 학교 교과과정, 방과 후 과정, 그리고 프로젝트를 통해 마을에 관심을 갖게 하

고, 마을을 더 살기 좋은 곳으로 만드는 데 필요한 정보를 수집할
수 있습니다.

한 ──○ 커맵을 통한 교육 효과는 물론이고 프로젝트를 진행하며
청소년들이 지역에 대한 관심과 애정을 가지게 하는 효과도 있어
보이네요. 그렇다면 더 나아가 '안전'을 주제로 학교와 연관된 커
맵 사례를 좀 더 들어보고 싶은데요.

임 ──○ '생활 안전에 관한 커맵'을 예로 들 수 있습니다. 생활 안
전은 삶의 질에 많은 영향을 주는 중요한 요소입니다. 특히, 학교
주변에서 벌어지고 있는 폭력과 교통사고 등으로 인해 각 학교나
지자체에서도 학생 안전에 관심이 높아지고 있습니다. 학교와 학
부모들은 아이들의 안전한 통학과 관련된 학교 주변 유해시설과
도로교통에 관심이 많습니다. 정부에서 주로 쓰는 데이터인 경찰
청 범죄·교통사고 데이터가 있지만, 학생 관련 유해시설과 교통안
전에 대한 자세한 정보는 제공해주지 못하고 있습니다. 반면 커맵
으로 인해 수집된 정보는 학교 주변의 통학환경을 더 안전하게 만
들 수 있습니다.
　이와 관련되어 제가 진행했던 여러 예시들을 들려드릴게요. 먼
저 2012년에 서울시 성북구청의 도움으로 숭덕초등학교에서 안

전 및 유해시설에 관한 커맵을 진행했던 '학교안전지도'는 초등학교 2학년 학생들과 학부모, 자원봉사자들이 함께 진행한 프로젝트입니다. 이 학교안전지도는 지자체가 평소 접근할 수 없는 생활 안전에 대한 많은 정보를 생성했습니다. 이렇게 생성된 정보는 지자체에서 잘 활용할 중요한 자원이 되겠지만, 학생들은 커맵을 진행하는 과정에서 주변 안전에 대한 것들을 하나하나 확인하며 배우게 됩니다.

또, 울산시 북구 농소동초등학교 4학년 학생들과 유해시설과 안전 지킴이 시설에 관한 커맵을 진행한 후 학생들이 발표했던 말이 생각납니다. "이 지역은 쓰레기를 버리지 못하는 지역인데 누가 버렸습니다. 쓰레기를 버리지 않게 하기 위해서는 벌금을 내게 하면 됩니다." 이처럼 학생들은 마을의 문제점을 발견하고, 그 문제의 해결방안도 도출해내며 쓰레기 문제를 해결하려고 여러 가지 대안을 제시하곤 했습니다. 조금 전에 말씀드린 것과 같은 맥락입니다만, 생활 안전에 대해 커맵을 하게 되면 지자체에서는 생활 안전에 관한 여러 가지 데이터를 제공받을 수 있고, 참여 학생들은 개선안을 도출하는 과정에서 생활 안전의 중요성을 실감하는 일거양득의 효과가 있습니다. 참여 학생들이 고학년이라면 모인 데이터를 갖고 여러 가지 분석을 할 수도 있고요.

곰곰이 생각해보면 항상 사고가 많이 발생하는 장소들이 있습니다. 교통사고가 한번 발생했던 지역은 사고 다발 지역이 되고, 청소년들이 모여 담배를 피우고 술을 마시는 지역은 계속해서 불량 청소년들이 모이는 지역이 됩니다. 만약 이러한 장소들에 대한 개선이 선행된다면, 최소한 한 장소에서 지속해서 발생하는 범죄와 사고를 예방할 수 있지 않을까요? 이러한 사고를 바탕으로 최근 안전을 중점적으로 고려한 환경설계를 통해 범죄를 예방하는 연구 CPTED, Crime Prevention Through Environmental Design가 지속되고 있습니다. 이러한 연구들을 통해 '단지를 계획할 때부터 사람들의 접근이 어려운 어두운 구석을 만들지 않고, 건축계획 시 사람들이 지나다니는 출입구와 창문 등을 가로등과 가깝게 만들어 사람들이 안전하게 느끼도록 도와야 한다'는 등의 많은 계획이 제안되고 있습니다. 이러한 계획 정책은 그 지역에서 범죄와 사고가 발생할 확률을 낮추는 데 도움을 줍니다.

한 ──◦ 그렇다면, 이미 범죄와 사고가 발생하고 있는 지역들은 어떻게 개선할 수 있을까요? 단순히 확률만 낮추는 데에서 한 걸음 더 나아가야 시민들에게 더욱 설득력 있는 사업이 되지 않을까 싶습니다.

임 ──◦ 네, 맞습니다. 커맵은 지역 단위의 안전을 보장하기 위한 지속 가능한 방안 중 하나인데요, 커맵이 지역주민이 주체가 되어 진행되기 때문입니다. 커맵은 크게 두 가지 측면에서 안전 확보에 도움이 됩니다.

첫째, 매핑을 통해서 효과적이고 효율적인 사건·사고 예방법을 마련할 수 있습니다. 가장 근본적인 문제는 사실 어떤 지역에서 사건과 사고가 많이 발생하고 있는지 정확하게 파악되지 않는 데 있습니다. 생활 및 교통안전에 대한 커맵은 지역주민들이 사건·사고에 노출되는 장소와 상황에 대한 데이터를 체계적으로 수집하도록 합니다. 지자체와 시민단체 등은 이러한 데이터를 바탕으로 사람들이 가장 많이 노출되는 위험지역을 우선적으로 개선할 수 있습니다. 예를 들어 성폭력이나 학교폭력 등이 많이 발생하는 지역을 중점적으로 조명을 개선하고, CCTV를 추가로 설치하며, 순찰을 강화하는 등의 사건·사고 예방을 위한 노력을 우선시할 수 있게 되는 것입니다.

둘째, 커맵을 진행하는 과정을 통해서 범죄예방에 대한 지역주민들의 관심을 키울 수 있습니다. 지자체와 정부 차원에서 실행하는 사업 등이 아니어도 시민이 스스로 사건·사고가 많이 일어나는 지역에 대해 지속적으로 관심을 갖고 예방할 수 있도록 하는 것입니다. 예를 들어 우범지역을 미리 사람들에게 알려 최소한 노약자와 여성 들이 가급적 그 지역을 피하게 할 수 있고, 청소년 유해환경이 조성된 지역에는 청소년들이 가까이 가지 않도록 유도할 수 있습니다.

학생들의 안전한 등굣길을 조성하기 위한 또 다른 커맵 예시를 들어보겠습니다. 앞서 제가 간단히 말씀드렸던 숭덕초등학교 어린이 안전지도 매핑이 있습니다. 더 자세히 설명하자면 숭덕초등학교 컴퓨터 교실 및 보건 교육실, 학교 주변 지역이 주요 매핑 장소였고, 참가 대상은 학생 및 학부모, 성북구청 공무원, 자원봉사자였습니다. 성북구청, 숭덕초등학교 그리고 저와 자원봉사자들이 함께 주관했습니다. 주요 내용은 지역의 학부모들과 초등학생들이 바라보는 관점에서의 아동 유해시설과 안전시설 매핑이었습니다. 교육시설, 놀이시설, 어린이 이용시설, 유해시설, 교통안전 위험시설 등에 대한 안전지도를 만드는 것이었죠.

커맵에 대한 기본적인 사례와 현장 데이터 입력방법을 강연을 통해 배운 후, 10개로 조를 이루어 조별로 맡은 구역에 대한 현장조사를 진행했습니다. 각 팀별로 약 2시간가량 학교 주변의 교통 및 안전유해시설을 사진으로 찍고 문제점이나 개선방안을 생각해 매핑했습니다. 또한, 주변의 교육시설, 놀이시설 등 어린이 이용시설을 함께 매핑해 상관관계를 보고자 했고요.

범죄를 예방하려면 범죄에 대한 데이터와 범죄를 유발할 수 있는 정보들이 필요합니다. 이 정보들은 예방에 충실할 수 있는 계획과 실행을 도울 수 있기 때문이죠. 이번 커맵을 통해 학부모와 자원봉사자 들은 아이들의 눈높이에서 안전을 바라보고 기록한 여러 가지 정보를 습득할 수 있었습니다.

　어떤 분은 길가에 방치된 건축자재에 못이 박힌 것을 보고 그것을 가지고 아이들이 놀다가 위험하겠다고 데이터를 올려놓으셨고, 어떤 학생은 리어카가 있는 골목길 사진을 첨부해 깡패에게 돈을 뺏긴 곳이라며 다른 학생은 돈을 안 빼앗겼으면 좋겠다고 데이터를 올려놓기도 했습니다. 기존의 범죄예방을 위한 데이터는 범죄 발생률, 가로등 위치, CCTV 등의 기본적인 정보만 존재했기 때문에 이러한 부수적인 데이터를 활용하면 범죄를 예방하는 데 훨씬 더 도움이 될 수 있다는 것을 알 턱이 없었을 겁니다. 또한, 기존에 있는 범죄 발생에 대한 지도는 범죄가 일어난 지역에 대한 데이터만을 보여주고 있는데, 실질적인 범죄가 일어나지 않아도 범죄에 대한 불안감을 느끼는 것도 삶의 질에 포함될 수 있기 때문에 그런 불안요인을 줄이는 방안에 대해서도 신중하게 고민할 필요성이 있다고 봅니다.

　한번은 제가 직접 커맵 활동을 하던 중 언덕 위에 있는 좁은 골목길에 특별히 위험하게 보이는 곳을 발견했습니다. 그곳에는 조그마한 연립주택이 있었는데 그 뒤편은 매우 으슥해 무섭게 느껴지기까지 했습니다. 함께 매핑을 하던 동네 반장님께 그 지역의 위험성에 대해 물어보았더니 그곳은 안전하다고 말씀하셨습니다. 그 이유는 반장님이 바로 옆에 살고 있는데 조금이라도 인기척이 나면 문을 크게 열고 플래시를 비추면서 안전을 확인하신다는 겁니다. 그러니 누구든 감히 그곳에서 나쁜 일을 할 생각을 할 수 없다고 하셨습니다. 대문 단속을 제대로 하는 것도 중요하지만, 이렇게 마을에 관심이 있는 분이 계시기에 지역이 안전해지고 더 좋은 곳으로 변하는 것입니다.

또 하나 신기한 일이 있었습니다. 어둑한 저녁에 골목길이 합쳐지는 언덕 위에서 할머니들이 돗자리를 펴고 나와 담소를 나누고 계셨습니다. 할머니들의 이야기 소리와 웃음소리가 들리는 이런 곳에서 범죄가 일어날까요? 이를 목격한 계기로 많은 생각을 해보았습니다. 어르신들께서 편히 쉴 수 있는 공간을 동네 곳곳에 마련해드리면 그곳이 바로 방범초소가 되지 않겠습니까?

아이들의 안전에 관한 커맵 활동이라 그런지 이러한 활동에는 부모님들이 정말 열정적으로 참여하셨습니다. 행사가 진행된 날이 토요일인데도 불구하고 모든 가족이 참여하기도 했습니다. 아이들의 학교 주변 안전시설, 유해시설, 도로교통에 관한 현황들을 살펴보면서 아이들의 안전한 등굣길을 위해 많이들 힘써주셨습니다.

한 ──○ 말씀해주신 사례들을 들어보니 커맵에 대한 신뢰도가 더

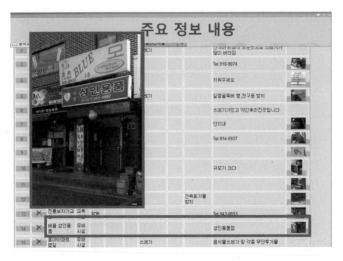

—• 서울 성북구 숭덕초등학교 학생과 학부모가 함께한 유해시설 커뮤니티매핑.
학교 근처에 성인 용품점이 있다.

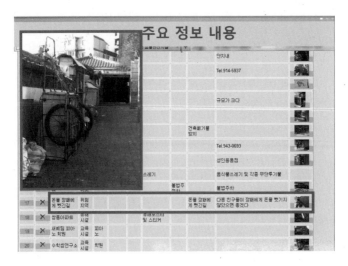

—• 이 길에서 불량배에게 돈을 빼앗겼던 숭덕초 학생이 올린 위험 지역 데이터.
이 지역을 다닌 어린이만이 올릴 수 있는 자료다.

어웨이크닝

욱 상승하는 느낌입니다. 커맵은 시민들의 참여로 데이터를 쌓아가는 시스템이라고 하셨잖아요. 그렇다면 이 안전지도 만들기 프로젝트를 통해 쌓인 데이터의 상세한 내용을 들어보고 싶습니다. 데이터로 접하면 독자들이 좀 더 구체적으로 상황을 이해하고 공감할 수 있지 않을까요.

임 ──◦ 자세히 말씀드리려면 자료를 참고해야겠는데요(웃음). 그에 관해선 제가 준비한 이 자료를 참고하시죠. 어린이 안전지도 만들기를 통해 총 230개의 데이터가 수집되었습니다. 총 230개의 데이터 중에서 유해시설이 27퍼센트(62개)로 가장 높은 비율을 차지했고, 교통안전 위험시설은 57개(25퍼센트), 위험지역이 43개(19퍼센트)를 차지했습니다. 이외에도 다양한 종류의 교육시설(41개), 어린이 이용시설(19개), 놀이시설(8개) 등이 매핑되었습니다. '유해시설에 대한 참가자들의 안전기록 정보'는 다음과 같습니다.

· 주택가 지하에 PC방이 있어서 청소년 탈선 우려가 있다.
· 학생들이 다닐 수 있는 길목에 술집과 장비가 위치한다.
· 아파트 근처 구석진 곳에서 나쁜 일이 일어날 가능성이 있다.
· 못이 박힌 건축자재가 방치되어 있다.
· 성인용품점이 등하굣길에 있다.

· 주택가 담장에 성인나이트 클럽 포스터가 붙어 있어서 보기 좋지 않다.

'교통안전위험시설에 관한 참가자들의 안전기록 정보'도 있었습니다. 그대로 읽어볼게요.

· 철판으로 만든 신호등 맨홀이 위로 돌출되어 아이들이 발에 걸려 넘어질 수 있다.
· 주정차가 많아 다니기 불편하기 때문에 인도가 필요하다.
· 학교 인근 아파트 단지임에도 불구하고 어린이 보호구역 지정이 안 되어 있다.
· 어린이들이 많이 다니는 사거리지만 안전표지판과 과속방지턱이 없다.

'위험지역에 관한 참가자들의 안전기록 정보'는 다음과 같고요.

· 도로에 화분과 우산이 방치되어 있어 아이들이 지나가다가 넘어질 위험이 있다.
· LPG 가스통을 보행로에 놓아서 위험성이 있다.
· 돈을 뺏기기 쉬운 장소: 다른 친구들이 깡패에게 돈을 뺏기지

않았으면 좋겠다.
· 공사자재가 방치되어 있어 어린이들이 올라갈 경우 다칠 위험
이 있다.
· 전봇대에 마감이 덜 된 쇠가 날카롭게 돌출되어 있어 위험하다.

아, 그리고 제가 개인적으로 더 말씀드리고 싶은 게 있어요. 최근
에 정부 기관에서 진행했던 어린이 놀이시설 안전조사가 있습니
다. 이걸 바탕으로 새로운 안전 매핑을 진행해보고 싶은 마음을 갖
고 있어요. 조사 결과에 의하면 어린이 놀이시설 사고 원인의 98퍼
센트가 아이들의 부주의라는 결과가 나왔어요. 저는 이 수치를 보
고 상당히 화가 나더라고요.

생각해보세요. 아무리 안전에 대한 교육을 한다고 해도 아이들
이 부주의해야 아이들이지, 매사에 안전을 기한다면 그게 애들입
니까? 심지어 어른들도 항상 안전 불감증을 겪고 있다는 말도 나오
는데 말입니다. 사고의 원인이 아이들이라고 해서 아이들에게 사
고 책임을 물을 수도 없지 않습니까. 조사 결과, 전문가에게서 시설
자체는 안전하다고 평가받았지만, 이것은 어른들의 시각에서 본
것 아닙니까? 안전 지침상으론 충분히 안전하다고 판단되지만 아
이들의 기준에선 안전하지 않을 수도 있다고 생각해요.

따라서 저는 아이들과 부모님들의 시각으로 놀이시설의 안전함

을 평가하는 것이 가장 확실한 사고 예방 방식이라고 판단했습니다. 그래서 리빙랩을 기반으로 커맵을 진행하자고 제안을 드렸습니다. 놀이시설을 주로 이용하는 아이들과 부모님들과 함께 커맵을 진행한 뒤, 집단지성을 통해 나온 가장 좋은 아이디어들을 규합해 더 나은 개선방안을 찾아보는 워크숍을 진행해보고 싶어요.

한 ──◦ 커뮤니티매핑을 교육에 활용하면 학생들이 어려서부터 인간으로서의 자존감을 확보할 수 있을 것 같습니다. 과도한 경쟁 교육에 시달린 아이들은 상호 연결을 통해 가능성을 열어가는 일의 중요성을 모를 수도 있습니다. 요즘 학교마다 학교폭력이나 왕따로 피폐해지기 쉽습니다. 그런 아이들은 미래를 장담하기 어렵습니다. 더구나 지금은 초연결사회가 아닙니까. 이런 사회에서는 이타성부터 키워야 살아남을 수가 있습니다. 커뮤니티매핑을 학교 현장에서 활용하면 너무 좋을 것 같습니다.

임 ──◦ 몇 주 전에 여기 커뮤니티매핑센터의 스태프분 아들이 "아빠, 우리 센터의 임완수 박사님 동영상이 나왔어요"라면서 아빠한테 전화를 걸었다고 해요. 학교 수업에서 제가 나오는 동영상을 틀어준 모양이고, 너무 반가워서 자신의 아빠에게 연락을 했다고 합니다.

어웨이크닝

그 이야기를 들으니 반갑더라고요. 왜냐하면 커뮤니티매핑이 정말 초중교 교육에 중요하다고 생각하고 최근에 열심히 노력을 했는데, 저랑 같이 일하는 분의 아드님한테 직접 전화가 오니까, 기분이 막 좋아지는 거예요.

최근에 학교에서 커뮤니티매핑을 교육과정에 적용하고 쓰려고 한다는 얘기를 많이 듣게 됩니다. 최근에 제일 많이 연락이 오는 영역이 교육 분야예요. '어떻게 교육에 커뮤니티매핑을 적용하면 좋을까'가 제가 항상 하는 고민입니다.

예를 들면 전남 신안군 가거도 바다 끝에 있는 곳인데 거기서도 커뮤니티매핑을 하고 싶다고 연락이 왔어요. 선생님과 제가 온라인으로 미팅을 했습니다. 그리고 강원도 태백에 있는 초등학교에서도 선생님한테 연락이 왔어요. 학생들이 유튜브를 보다가 커뮤니티매핑을 보고 본인들도 해보고 싶다고 그랬나 봐요. 산골에서 특히 연락이 많이 와요. 한국이 좋은 게 인터넷이 일단 다 되고, 학생들도 스마트폰을 굉장히 많이 갖고 있잖아요.

저희 센터가 현재 재무 상황은 좋지 않다고 말씀드렸던가요. 매해 적지 않게 적자가 나고 있어요. 연락을 주는 학교에서는 대부분 저희가 서비스를 무료로 제공하는 것으로 알고 계십니다. 물론 제배프 지도나 몇 개의 프로그램은 사회 공헌 차원에서 서비스를 하고 있지만, 사람과 시간 등 리소스가 많이 들어가는 건 저희가 쉽게 무료로 제공하기 어렵습니다. 예산을 확보한 다음 오시는 분들도 있지만, 예산이 생각보다 적은 거예요. 근데 이걸 저희가 일일이 세팅하고 교육시켜드리고 컨설팅해드리는 게 시간이 많이 걸려서 필요한 분들한테 다 도움을 드리지 못해서 안타까웠는데 이번에 정말 혁신적인 일이 생겼습니다.

얼마 전에 인천교육청에서 연락이 왔어요. 인천교육청에서는 커맵하는 것을 학교 교육 교재로 만들고 싶다고 했습니다. 사실 망설였어요. 괜히 했다가 정말 시간 많이 들고 고생만 하는 게 아닌가 싶었지만 장학사님도 정말 열정이 있으시고 열심히 설명을 해주셔서, 이번 기회에 교육 분야에 좀 신경을 더 많이 써보자 싶어 MOU를 맺고 워크숍과 교재를 만드는 일을 시작했습니다.

2021년 5월에 오전 10시부터 2시까지 4시간 동안 두 번, 약 40명의 학교 선생님들하고 커뮤니티매핑 워크숍을 했어요. 참석한 분들과 저희가 커뮤니티매핑 교재를 만들기로 했는데, 문제가 뭐냐면 선생님들이 이걸 할 때마다 저희가 매플러 사이트를 하나씩 만들어야 되잖아요. 그래서 필요가 발명을 만든다고, 계속 고민을 했습니다. 학교나 반에서 쉽게 이용할 수 있는 플랫폼을 만들면 좋겠다는 고민 말이죠. 그 결과 저희가 새로 개발한 플랫폼이 '리빙박스'(livingbox.org)입니다. 사실 이 리빙박스라는 이름을 만든 배경이 재미있어요. 리빙랩이라는 열린 실험실이라는 개념이 이

책에서 잠깐 소개가 돼요. 우연히 다이소를 갔는데 플라스틱 반찬통이 '리빙박스'인 거예요. 그래서 리빙박스라는 이름으로 하기로 했습니다. 다양한 창의적인 아이디어가 살아서 나오는 박스. 리빙박스. 어때요? 재미있지요?

방법은 이렇습니다. 주제별로 같은 지도 위에 학생들이 데이터를 다 같이 올린 다음에 선생님들은 같은 반 학생들의 데이터만 시각화해 지도 위에서 다양하게 볼 수 있는 플랫폼이에요.

제가 선생님들과 얘기했더니 학교에서는 본인들이 올린 데이터로 분석하고 본인들만의 데이터를 볼 수 있으면 그게 큰 도움이 된다고 하시더라고요. 그래서 저희가 많은 시간과 자원을 들이지 않아도 선생님들이 자기 반 학생들 데이터를 모아서 다양한 시각화 및 분석을 할 수 있게 만들었습니다.

그래서 첫 작품이 곧 경기도 고양시 일산의 주엽고등학교에서 나올 것 같습니다. 그 학교에는 김민경 선생님과 학생들이 같이하는 커뮤니티매핑이 있습니다. 60명 학생들이 장애인접근성에 관련된 지도를 만들고, 보행 안전 길에 관한 매핑을 했습니다. 선생님과 이야기를 나누면서 저는 처음에 장애인접근성 지도를 먼저 했으면 좋겠다고 했어요. 배프 지도요. 왜냐면 그것을 통해 학생들이 얼마나 커뮤니티매핑에 관심이 있는지 알 수 있고, 또 학생들이 일단 장애인과 관련된 부분을 배우고, 실제로 무엇인가를 하는 게 더 중요하단 사실을 현장에서 스스로 느끼면 좋겠다고 생각했거든요. 놀랍게도 주엽고등학교에서는 학생들이 장애인 편의성에 관련된 리포트를 다 냈더라고요.

그 리포트를 보고 진짜 눈물이 났어요. 배프 지도, 배리어프리가 무엇이고 어떤 의미가 있는지 신문 기사를 찾고, 자기네들이 올린 앱을, 앱에 있는 데이터를 다 분석했더라고요. 거기에 더해 느낀 점을 리포트에 솔직하게 더 썼어요. 충격을 받았습니다. 우리나라 고등학생들이 이렇게 대단한 줄 정말 미처 몰랐어요. 주엽고등학교의 한 학생이 이런 내용을 적어놨어요.

"이번 활동을 통해 '배리어프리'라는 것을 처음 알게 되었는데 굉장히 뜻깊은 활동이었다. 사실 장애인의 날 교육 등을 통해 '장애인분들을 뒤에서 조금씩 도와주는 게 의미 있는 일이다'라는 이론은 알고 있었으나 뒤에서 도와준다는 게 어떻게 도와준다는 것인지도 잘 모르겠고, 직접 실천하기도 막막해 실제로 그분들을 위해 내가 한 도움은 아무것도 없었다. 그러나 이번에 이 과제를 통해 뒤에서 도움을 주는 일을 한 것 같아 뿌듯하다."

현재 주엽고등학교 학생들은 보행 안전에 대한 커맵을 마쳤고, 그 데이터를 분석하는 중입니다. 2021년 가을 전후로 인천교육청

어웨이크닝

—• 위험했던 놀이터 앞에 편의점이 생기고, 주민들의 참여로 다시 아이들의 안전한 놀이터가 된 양천구 경인어린이공원.

—• 주엽고등학교 학생들이 진행한 보행자 안전 커뮤니티매핑.

과 협의했던 커뮤니티매핑 관련 교재가 나올 예정입니다. 단행본 출판 계약도 하나 했는데요, 지난번에 마스크 시민지도 프로젝트를 함께했던 선생님들과 이번에 커뮤니티매핑 수업 교재를 일반 단행본 형식에 맞추어 재정리해서 출간하는 것이지요. 정말 흥분이 됩니다. 이 책이 출판되면 더 많은 선생님이 커뮤니티매핑을 쉽게 접하고, 더 쉽게 활용할 수 있을 것 같아서 이런 교육 이야기는 이 대담에서 꼭 하고 싶었습니다.

사회적 약자를 위한 사업, 커맵

한 ──∘ 임 박사님 얘기를 계속 듣다 보니, 역시 커맵은 사회적 약자를 위한 운동이 아닌가 싶습니다. 우리가 1장에서 사회정의에 대해서 논해보기도 했는데요, 사회정의란 결국 약자를 최소화하는 일련의 모든 사회 운동의 결과라고 생각해요. 그렇다면 사회적 약자란 사실 명확하게 정의하기 힘든 개념이긴 합니다. 처한 상황에 따라 상대적으로 강자였던 자가 약자가 될 수 있고, 약자였던 자가 강자가 되기도 하지요. 다만, 모두가 동의할 만한 상식에서 비추어 보자면 여성, 어린아이, 장애인, 유색 인종, 성 소수자 등을 사회적 약자라 구분하는 데에 큰 이견은 없으리라 생각합니다. 실제로

박사님도 지리적 위치에 따라, 인종에 따라 달라지는 질병의 분포
도를 연구하셨다고 하셨지요?

임 ──◦ 네, 맞습니다. 저는 미국에서 20년 전, 천식으로 입원한 흑
인과 백인 아이들에 대한 연구를 진행했습니다. 천식을 일으키는
원인은 여러 가지가 있는데 먼지와 상관관계가 있다고 본 연구도
있고, 집 안에 있는 바퀴벌레가 천식과 관계가 있다는 연구도 있습
니다. 이런 천식은 아주 약간의 의학적 지식을 바탕으로 예방할 환
경에 있으면 병원에 입원할 필요가 없는 병입니다. 하지만 당시 아
이들이 병원에 입원을 하는 두 번째 큰 원인이 천식이었습니다. 더
큰 문제는 흑인 아이들이 천식으로 병원에 입원할 확률이 백인 아
이들보다 2~3배가 높았습니다.

　그런데 미국처럼 의료체계가 잘된 곳에서 예방의학적 처치를
받지 못해 병이 발생한다는 것은 예방의학 서비스에 문제가 있는
것이 아닌가 하는 생각이 들게 합니다. 예방의학이라는 말이 낯선
독자분들을 위해 간단히 개념을 설명드리자면, 개인이나 특정 인
구 집단의 건강과 안전을 보호하고 유지하기 위해 질병의 발생 원
인과 과정에 영향을 미치는 모든 것을 연구해서 장애와 조기 사망
을 예방하는 것을 전문적으로 하는 의학의 한 분야입니다. 따라서
예방의학은 단지 의료 부문만이 아니라 사회, 경제, 물리, 환경에

따른 여러 가지 변수들과 관련이 있기 때문에 많은 연구자들은 이런 변수들과의 역학관계에 주목합니다.

제가 미국의 대학에서 근무하고 있으니, 그곳의 사례를 들어서 설명해볼게요. 도심에 사는 흑인들은 보험이 있어도 여러 가지 이유로 인해 의료 서비스를 받지 못할 수가 있습니다. 저소득층은 정부를 통해서 의료보험에 가입되어 있더라도, 응급 사례가 아니면 자녀를 천식 담당 의사나 소아과 의사에게 예방적으로 데리고 갈수 없는 상황이 있을 수가 있습니다. 그 이유는 크게 일곱 가지로 정리할 수 있습니다. 첫째, 직장을 하루라도 나가지 않는다면 생활을 유지하는 것에 문제가 생길 수 있기 때문입니다. 둘째, 자동차가 없는 저소득층은 먼 거리에 위치한 병원까지 쉽사리 갈 수가 없습니다. 셋째, 집에서 연료를 도시가스나 전기가 아닌 석탄이나 케러신(등유)을 쓰면 실내공기 오염의 주범이 될 수도 있습니다. 넷째, 여름에 전기 비용 때문에 에어컨을 켜지 못하고, 온도가 높은 습한 상태로 있게 되는 경우입니다. 다섯째, 아이들의 천식을 치료할 수 있는 전문의사가 지역 내에 충분히 있지 않은 이유입니다. 여섯째, 지역적 특성상 주민들의 신체 활동을 증진할 만한 외부 시설이 부족합니다. 외부에서 신체 활동을 안전하게 할 수 있는 환경이 우선되어야겠죠. 일곱째, 신선한 채소와 과일을 구할 수 있는 주변 환경이 부족합니다. 건강한 채소나 과일 파는 곳을 지도 위에 표시해서 접근성을 조사하는 것도 예방의학이 하는 일 가운데 하나이지요.

한 ──° 사회적 약자라고 하면 장애인을 빼놓을 수 없습니다. 커맵에서 진행한 아직까지 애용되고 있다는 배프 지도 앱도 그 일환일 텐데요, 장애인과 관련된 프로젝트 이야기를 좀 더 해주시겠어요. 우리나라는 장애인 복지 후진국이라고 해도 아직 할 말이 없을 만큼 그 분야가 낙후돼 있지 않습니까.

임 ──° 네, 맞습니다. 저는 특별히 장애인과 관련된 매핑 프로젝트에 남다른 관심과 애정이 있습니다. 이 이야기는 꼭 들려드리고 싶었어요.

가장 기억에 남는 것은 발달장애인과 관련된 커뮤니티매핑입니다. 한국에서 커맵 초창기에 한 어머님이 아드님을 데리고 왔어요. 아드님이 발달장애인 고등학생이었습니다. 그 친구가 컴퓨터를 굉장히 잘 이해하고 본인이 컴퓨터도 고치고 그러더라고요. 제가 빅데이터와 컴퓨터에 관련된 강의를 서울시청에서 했는데, 그때 오셔서 소개를 하게 된 거예요. 그게 제가 한국에서 발달장애인을 둔 부모님과의 첫 만남이었습니다.

그 어머님은 아드님을 위한 거라면 무엇이든지 하실 각오가 돼 있는 대단한 분이었습니다. 나중에 다른 분들을 만나보니 발달장애인 자녀의 부모님은 정말 자녀들을 위해서는 무엇이든 다 하실 각오가 선 분들이더라고요. 많은 발달장애인 부모님들의 소원이 자녀보다 하루 더 오래 사시는 거랍니다. 사실 정말 마음이 아픈 이야기지요.

그 어머님과 연대해서 서촌에서 한옥 커뮤니티매핑을 했는데 강화도에서 사시는 다른 분을 모시고 왔습니다. 이분도 20대 후반의 중증발달장애인 아드님이 있으세요. 이분들이 제가 하는 활동과 커뮤니티매핑에 관심을 갖는 게 처음에는 좀 의아했습니다. 커뮤니티매핑과 발달장애인 보호자가 어떻게 연계되는지 저는 잘 몰랐던 거예요.

당시에 제가 몰랐던 커뮤니티매핑의 잠재력을 그분들이 본 거예요. 커뮤니티매핑에서 기술을 활용해 서로 시민참여와 협업을 통하여 문제를 찾아내고 선한 일을 만드는 데서 이분들은 어떤 잠재력을 발견한 것 같았습니다. 그러면서 또 다른 발달장애인 부모님들을 소개받았습니다.

제가 한국에 와서 제일 끈끈한 연을 이어가는 관계, 그러면서도 오래가는 커뮤니티가 발달장애인 부모님과 맺은 관계입니다. 참 감사한 일이죠. 그런데 이분들과 계속 교류를 하다가, 발달장애인과 보호자들도 커뮤니티매핑에 참석을 하면 좋겠다는 생각을 한 거예요. 이렇게 발달장애인 커뮤니티매핑을 시작했습니다. 아마

2017년쯤일 겁니다. 2017년쯤에 공덕역 근처에 있는 50플러스 중부캠퍼스 강당을 빌려서 공덕역 주변에서 발달장애인과 함께하는 장애인접근성 커뮤니티매핑을 한 거예요. 발달장애인이 휠체어 사용이 필요한 지체장애인접근성 커뮤니티매핑을 한 거죠. 너무 신기하지 않나요?

한 ──∘ 한국에서 아직 발달장애인을 위한 프로그램이 많지 않으니 반응이 무척 좋았을 것 같습니다.

임 ──∘ 그렇습니다. 이 행사는 정말 눈물과 감동의 도가니였습니다. 이걸 하면서 서울대에 인액터스라는 학생들이 자원봉사자로 왔습니다. 커뮤니티매핑센터 스태프들, 장애인들, 장애인 활동가들이 오셔서 장애인접근성 매핑을 도와주셨습니다. 발달장애인의 보호자분들은 도움을 받으면 받았지 누구를 돕는다는 생각을 잘 안 해본 분들인데, 이 과정은 누구를 돕는 과정이잖아요. 그게 의미가 있었던 거예요. 모두 활기를 얻었어요. 어떻게 앱을 쓰는지 배우고, 어떻게 데이터를 올리는지 배웠습니다.

처음 모이는 거니까 좀 소란스럽더라고요. 소리 지르는 학생도 있고, 또 어떤 젊은이는 갑자기 급하게 화장실에 가야 되는데 시간을 못 맞춰서 좀 좋지 않은 일이 발생한 적도 있었어요. 부모님은 굉장히 당황해하셨는데 저는 '다름이 이런 거구나, 이런 부분을 이해하려고 노력을 해야겠구나' 하는 생각을 했습니다. 그래서 부모님들에게 "학생들, 자녀분들 맘 놓고 뛰어다니게 하세요. 괜찮습니다. 저희가 그래서 이렇게 여기에 모인 거예요"라고 하면서 행사를 진행했습니다.

그때 이런 과정을 찍은 사진을 보면 정말 다양한 표정이 담겨 있습니다.

제가 잊지 못하는 사진이 한 장 있어요. 최덕훈 대표이사와 아드님 사진입니다. 발달장애인 아드님인데, 평상시에 그냥 집 안에만 있어요. 제가 봐도 좀 중증장애로 느껴지기는 했는데, 함께 오셨더라고요. 같이 오신 아버님은 무척 걱정을 하셨습니다. 행사 중에 아드님이 사진을 찍는데요, 평상시에는 스마트폰을 잘 만지지 못하고 사진을 찍어도 제대로 집중해서 찍지 못했는데 이날은 너무 집중해서 사진을 잘 찍는 거예요. 이 모습을 보더니 아버님이 나중에 눈물을 흘리시면서 이야기를 하시더라고요. 그 상황을 찍은 사진이 저한테 있는데 보여드리고 싶네요.

그 이야기를 듣고 저도 눈물을 흘리면서 '커뮤니티매핑이 힘들지만 이런 분들을 위해서 더 열심히 해야겠다'는 생각을 했습니다. 참여하는 사람, 자원봉사하는 사람, 함께 지역사회와 또 다른 사람들을 위한다는 것이 참 큰 감동을 주더군요. 한 대학생 자원봉사자

─● 발달장애인과 함께하는 장애인 편의시설 커뮤니티매핑.
  공덕역 인근 횡단보도를 걷고 있는 아버지와 아들.

가 발달장애인 학생한테 매플러를 사용하는 법이랑 장애인 편의시설 매핑하는 법을 가르쳐주는 모습도 잊지 못할 장면이었습니다.

배프 지도는 2016년 구글에서 펀딩을 받아서 만든 장애인 편의시설 매핑 프로젝트입니다. 그 앱을 가지고 공덕역 근처에 장애인이 갈 수 있는 길을 발달장애인과 같이 만들었습니다. 참 멋있지 않아요? 저는 그 이후로도 많은 발달장애인과 보호자분과 교류를 했습니다. 발달장애인의 삶을 더 알기 위해 여러 교육에도 참여했고요. 교육을 받으면서 발달장애인 부모님들이 상처를 받는 말들의 목록을 우연히 봤습니다. 좀 길지만 그대로 읽어드릴게요. 함께 들어볼 가치가 있어서요.

- 애 좀 잘 가르쳐봐요.
- 애를 어떻게 교육시켰길래!
- 평범하게 자라는 거 욕심일 수 있어.
- 감당할 만큼 시련을 준다.
- 치료 많이 했으니 따라잡지 않았니?
- 아들은 두고 딸들만 데리고 놀러 와요.
- 왜 아이를 이렇게 버릇없이 키웠나?
- 내 주변에 그런 애 있었는데 지금은 너무 좋아졌어. 어렸을 때 늦는 애들 있어.

어웨이크닝

· 이런 애 데려오면 안 되십니다.

· 애가 버릇이 없다. 애를 너무 과잉보호했다.

· 이제 치료 그만해라.

· 니가 한 게 뭐야?

· 애기가 왜 그래요?

· 학교보다 시설에 보내야 합니다.

· 감당할 수 없으니 어머님이 좀 데리고 있어주세요.

· (어린이집에서) 퇴소해주세요.

· 우리 집안에 이런 사람 없는데….

· 임신 중에 산전 검사 안 했어?

· 너 임신 때 뭐 잘못한 거 아냐?

· 이런 장애인 같은 놈.

· 소통이 안 될 때.

· 애착이 부족해서 그런 거 아니야?

· 치료받기에 준비가 되지 않아 치료 효과가 없으니 치료를 중단 하세요.

· 다른 데로 가시는 게 어떨까요?

한 ──◦ 충격적이군요. 저도 언젠가 글에 '병신'이라는 단어를 썼 다가 엄청난 항의를 들었습니다. 이유에 대해 설명을 들으니 제가 너무 부끄러웠습니다. 다시는 그런 단어를 쓰지 않았습니다만 저도 허우대만 멀쩡할 뿐 장애인일 수 있습니다.

부정적인 것 목록이 있으면 긍정적인 사례도 있을 텐데요.

임 ──◦ 당연히 있습니다. 발달장애 자녀를 키우면서 주위 사람들로부터 받았던 가장 도움이 되었던 것은 다음과 같은 상황이라고 합니다.

· 있는 그대로 인정해주고 같이 공감해줄 때
· 같이 합시다라고 말해줄 때
· 똑같은 아이로 대해줄 때
· 너니까 할 수 있다고 격려해줄 때
· 집에 와서 청소해주고 같이 놀러 가서 아이를 챙겨주었을 때
· 현실적이고 희망적으로 받아들여주고 지지해주었을 때
· 담임선생님들이 아이의 일반 학교 적응을 잘 지원해주시고 최대한 통합교육해주실 때

한 ──◦ 말씀을 들으니 1998년에 출간돼 베스트셀러가 된 『오체불만족』의 저자인 오토다케 히로타다가 생각나는군요. 일본에서 이 책은 700만 부가 넘게 팔렸습니다. 그는 1976년에 팔다리가 없

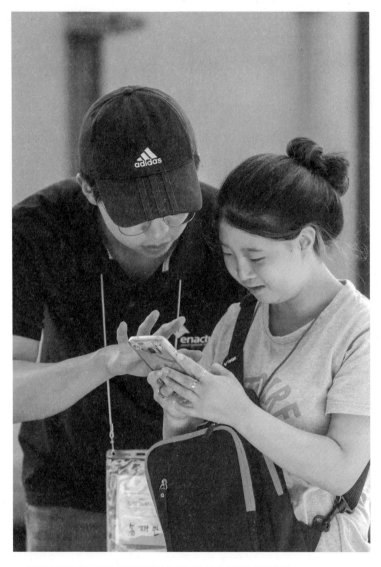

—• 장애인 편의시설 커뮤니티매핑에서 두 청년이 함께 매핑을 하고 있다.

는 상태로 태어났습니다. 아이를 본 어머니는 놀라거나 경악하지 않았습니다. 그 어머니의 입에서는 지극히 평범한 한마디, "어머, 귀여운 우리 아기…"라는 말이 흘러나왔습니다. 어머니는 집안 부끄럽다고 아이를 숨기지 않았습니다. 그렇다고 과보호하지도 않았습니다. 다른 아이와 똑같이 키우며 스스로 문제를 해결하게 만들었습니다. 그 아이가 5학년이 됐을 때 담임 교사는 새 학기 첫날, 5학년 3반 28명의 아이들 이름 모두를 외워 한 사람씩 이름을 불러줌으로써 아이들 모두를 자신과 같은 '온리원'의 초개성적인 존재로 바라보고 있음을 각인시킵니다. 교사가 마음을 열어 보이니 아이들도 교사를 완벽한 인간으로 바라보지 않았습니다. 팔다리가 없어 우유병을 따주는 것처럼 늘 도와주어야 하는 한 사람으로 여겨주었습니다. 아이들이 팔다리가 없는 친구를 도와 함께 산의 정상에 오른 이야기가 너무 감동적이었습니다. 당시 이 사례는 많은 이에게 좋은 충격을 주었지만 이제는 평범한 일상이 될 필요가 있습니다. 그런 면에서 발달장애인을 대상으로 한 커뮤니티매핑은 매우 의미가 큰 것 같습니다.

임 ──○ 맞습니다. 이런 내용을 말하려면 마음이 아프지만 우리 사회나 저도 받아야 할 훈련인 것 같아서 숨기지 않습니다. 장애인 접근성, 장애인편의시설을 매핑하는 것도 중요하지만 커뮤니티매핑을 하면서 참여를 하고 그 과정에서 소통을 하고 서로 공감하고 또 상대를 배려하는 부분들이 정말 중요하고 좋은 기회인 것 같습니다.

발달장애인 커뮤니티매핑을 할 때 오셨던 분들이 안산의 '꿈꾸는느림보'라는 사회협동조합의 조합원들이었습니다. 거기 조합원들이 자녀들 데리고 오셨는데 안산에서 한번 커뮤니티매핑을 같이 하자고 하시는 거예요. 그래서 안산에서 또 발달장애인들과 함께하는 지체장애인 커맵을 했고요. 나중에 발달장애인이 갈 수 있는 편의시설 커뮤니티매핑도 같이 했습니다.

지체장애인들은 물리적인 제약을 더 크게 받잖아요? 턱이 어느 정도 높이가 안 되어야 하고, 또 폭은 어느 정도 넓이가 되어야 합니다. 또 장애인 화장실이 있는지 확인하고 그에 대한 데이터를 커뮤니티매핑에 올리는데, 발달장애인들도 비슷한 정보를 필요로 합니다.

발달장애인 부모님들은 발달장애인들이 갈 수 있는 가게를 아는 게 필요하다고 합니다. 메뉴도 읽기 쉬워야 되고, 예를 들어 그림이나 사진 같은 것이 메뉴판에 같이 있으면 좋고요, 가게 주인이나 직원들이 발달장애인과 보호자가 들어왔을 때 발달장애인들을 이해하고 좀 편하게 대해주는 곳 말이죠. 본인들이 사는 동네에서는 어떤 가게를 가야 할지 알지만 다른 지역에 있는 가게를 가면 가끔은

—• 안산시 '꿈꾸는느림보'와 함께한, '오소가게' 커뮤니티매핑 앱.

눈총도 좀 많이 받으니까, 발달장애인들이 편히 갈 수 있는 시설들을 매핑하면 어떨까 해서 시작을 했습니다.

　나중에 꿈꾸는느림보 분들이 펀딩을 받으셔서 안산에 상록수 복지관과 안산시와 함께 '오소가게'라는 발달장애인 편의시설 커뮤니티매핑 앱을 만들었습니다. 발달장애인 편의시설 앱인데, 현재 계속 활동 중입니다. 이 앱이 안산뿐 아니라 전국에서 다 이용이 되

　　　　　　　　　　　　　　　　　　　어웨이크닝

어서, 발달장애인들이 갈 수 있는 편의시설 매핑을 해서, 발달장애인과 보호자들이 전국에 어디를 가든지 쉽게 갈 수도 있고, 비장애인들이 장애인과 다름을 이해할 수 있는 좋은 기회를 만드는 그런 커뮤니티매핑이 됐으면 좋겠습니다.

한 ─○ 커뮤니티매핑을 하면서 소통, 공감, 배려 등의 단어가 저절로 떠올려지는 것이 중요한 것 같습니다. 잘난 사람들이 특별한 능력을 발휘해서 세상이 바뀌는 것이 아닙니다. 평범한 사람들이 연대해서 작은 일에서 가능성을 보여주어야 세상이 바뀌는 법입니다. 그런 면에서 장애가 있는 사람들이 연대해서 살 만한 세상을 만들어가는 것은 중요한 일인 것 같습니다. 이야기를 듣는 가운데 몇 번이나 감탄사가 나옵니다. 임 박사님은 시각장애인들과 연대해 커뮤니티매핑을 해보신 것으로 알고 있습니다.

임 ─○ 그렇습니다. 시각장애인을 위한 보행환경 커뮤니티매핑을 한 적이 있습니다. 그 일을 하게 된 계기는 이렇습니다. 제가 2020년에 경기도자원봉사센터와 미세먼지 커뮤니티매핑을 하고 있었어요. 포천에서 미세먼지 커뮤니티매핑을 하는데, 그때 경기도자원봉사센터의 박선자 팀장님하고 행사 끝나고 점심을 먹었어요. 그때 박선자 팀장님께서 지금 자원봉사센터에서 시각장애인과 관련된 보행 시설을 점검하고 있는데 커뮤니티매핑을 하고 싶지만 예산이 없어서 못 하고 그냥 종이에다 이렇게 수기로 적으려고 한다고 얘기하시는 거예요. 그래서 사실 우리 센터도 예산이 없고 맨날 적자입니다만 커뮤니티매핑센터를 운영하는 이유가 이런 일을 하려는 거라고 말씀드렸습니다. 그날 얘기한 것이 계기가 되어 매플러 앱을 세팅을 해서 장애인 시각장애 보행환경의 커뮤니티매핑을 시작하게 되었죠.

경기도에 거주하고 있는 약 150명의 대학생 자원봉사자들이 시각장애인 편의시설을 전수조사를 한 겁니다. 유튜브 내용을 보시면 음향신호기가 설치되어 있는지, 위치가 어딘지, 작동이 되는지, 조사원은 누구인지, 신호기 방송은 제대로 되는지, 음향신호기 높이는 어떤지, 신호기 위치는 적절한지, 점자블록은 제대로 됐는지, 점자블록 재질은 어떤지 등 여러 가지 다양한 조사를 했습니다. 그리고 차가 진입을 못 하게 막는 블록이 제대로 설치됐는지, 높이나 사이의 간격은 어떤지, 조사원 이름까지 넣어서 시각장애인과 관련해 2,620개의 데이터를 업로드했습니다. 대단한 거지요. 나중에 학생들과 모임을 했는데, 정말 학생들이 굉장히 많이 배웠다고 했습니다. 시각장애인과 관련돼서 새로운 사실을 깨달았다는 얘기를 들으니 저 역시 기분이 좋더라고요.

지도를 보게 되면 자세한 내용이 올려져 있잖아요? 데이터가 어떤 식으로 정리되어 있냐면, 지도에 시각장애인 신호기가 있는지 뿐 아니라, 음향신호기가 작동이 되는지도 확인이 돼요. 설치는 했는데 작동이 안 되면 문제잖아요? 이게 설치가 안 되면, 시스템 안에, 저희 커뮤니티매핑 매플러 안에 담당 지자체에 바로 연락이 가도록 설정을 해놨어요. 이렇게 데이터가 올라가서 바로 지자체에 연락이 되면 지자체에서는 이걸 가지고 바로 고칠 수 있을 거 아니에요. 고치면 또 그 고친 게 바로 업데이트가 돼서 곧장 알 수가 있죠. 이것이 행정에서는 굉장히 좋은 기회라고 봐요.

한 ──◦ 시민들이 참여해서 시민들이 데이터를 올리고, 올린 데이터를 지자체에서 고쳐주는 것은 어떤 의미가 있을까요?

임 ──◦ 커맵은 교육과 참여와 역량 강화가 가장 중요합니다. 그래서 계속 강조하게 돼요. 시민들이 내가 뭔가 이렇게 했는데 지역이 변한다는 것을 알면 더 열심히 하는 거죠. 참여율이 높아지고요. 지자체에서는 훨씬 더 효율적으로 시설관리를 할 수가 있지요. 한마디로 시민들과 적극적인 협업이 가능해지는 겁니다.

　이 사이트가 많은 곳에서 좀 쓰이면 좋겠습니다. 지도를 보면 지역별로 분석한 것도 나와요. 이때 수원, 안양, 군포, 용인 등 10개 도시에서 진행했는데요, 그러면 설치가 얼마나 됐는지 미설치가 얼

— • 경기도자원봉사센터와 함께한 시각장애인 편의시설 커뮤니티매핑 활동.
음향신호기 높이를 측정하고 있다.

마나 됐는지도 나오지만, 음향이 고장이 났는지 안 났는지 이런 것
도 통계가 나오니까요. 사실 지자체도 서로 경쟁하고, 대시보드가
되니까 그렇게 나쁘지 않다는 생각을 합니다. 이 시각장애인 보행
환경은 좋은 사례 같아요. 대학생 자원봉사자와 우리 커뮤니티매
핑센터도 참여를 했지만 전체를 총괄하는 박선자 팀장님이 없었
다면 잘 안 됐을 겁니다. 사실 이 중에 누구도 빠지면 안 되는 거죠.
여기에 지자체가 같이 들어오면 더할 나위 없이 좋고요.

한 ——○ 어떤 일이든 박선자 팀장 같은 선구자적인 안목을 갖고

일을 주도하시는 분이 있어야 가능한 법이지요. 그분의 생각이 무척 궁금합니다.

임 ──。　제가 경기도자원봉사센터의 박선자 팀장님한테 미리 인터뷰를 청해 의견을 정리해놓았습니다. 그분 말씀은 특별히 읽어드리고 싶어요.

시각장애인 커뮤니티매핑을 하게 된 계기는 2019년에 커뮤니티매핑을 접하고부터입니다. 커뮤니티매핑을 자원봉사와 연계하면 정말 좋은 일을 많이 할 수 있겠다는 마음을 가지게 되었지요. 커뮤니티매핑의 매력을 알아버린 거지요. 커뮤니티매핑이 가지는 힘! 그것이 저를 여기까지 오게 했지요. 그래서 주변을 보면 어떤 부분을 커뮤니티매핑으로 연계하면 좋을까 생각하게 되더라고요.
시각장애인 보행환경 커뮤니티매핑을 기획하게 된 의도는 간단해요. 평소 거리를 다니다 보면 장애인을 볼 수 있는 기회가 거의 없는데 왜 없을지 생각해봤고, 장애인이 일상생활을 하기 위한 인프라가 갖춰지지 않아서일지 모르겠다는 데에 생각이 미쳤습니다. 휠체어 경사로나 장애인 화장실은 벌금 등 다양한 장치들이 있는데 횡단보도에서 시각장애인을 위한 음향신호기가 작동되는 것은 거의 본 적이 없는 것 같더라고요. 그래서 퇴근길에 보이는 음향신호기를 모두 작동해봤어요. 총 12개의 음향신호기 중에 8개만 작동이 되고, '음향신호기 고장신고 120'이라고만 표기가 되어 있더라고요. '고장 난 음향신호기를 확인하고 수리할 수 있도록 하면 어떨까? 이것을 커뮤니티매핑으로 하면 누구나 쉽게 참여할 수 있겠다'고 생각했습니다.

하고 싶은 마음은 있었지만 사실 매핑을 구축하는 예산이나 전문적인 지식이 없어서 마음속 깊이 저장하고만 있었습니다. 그러던 중 우연히 임완수 박사님과 만나 제가 하고 싶은 커뮤니티매핑이 있다고 이야기했는데 박사님께서 흔쾌히 함께해주시겠다고 하셨어요. 의미 있는 일을 하는 것에 무조건 지원해주시겠다고 적극 추진하라고 해주셨지요.

저는 불도저 정신으로 바로 착수했지요. 음향신호기에 대한 전문적인 정보와 경기도 내에 있는 음향신호기 개수와 위치를 확인하려고 다양한 정보를 수집했습니다. 음향신호기에 대한 부분은 일단 시각장애인편의시설지원센터에 찾아가 전문가의 도움을 요청했습니다. 정말 시각장애인 보행환경에 관한 법률만 5~6개, 단순하게 음향신호기 작동 여부만 확인하는 작업을 추진하려고 했는데 음향신호기 외에도 점자블록, 볼라드(횡단보도 앞에 세워놓은 말뚝) 등 시각장애인과 관련해 조사해야 하는 것들이 있더라고요. 음향신호기에도 다양한 고려사항이 존재해서 당황하기도 했고요. 센터

어웨이크닝

에서도 시각장애인 편의시설 조사를 5년에 한 번씩 하는 요원을 선발할 때도 2주 정도 교육을 이수하고 진행할 정도로 복잡하고 어려운 부분이라고 하시면서 처음엔 말리더라고요. 자원봉사자의 힘으로 쉽지 않을 거라고요.

그래도 저는 커뮤니티매핑의 힘을 믿었어요. 경기도시각장애인복지관의 한대구 팀장님과 한국편의시설증진센터 이진욱 원장님의 지원을 받아 작업을 계속 추진할 수 있었습니다. 시각장애인 보행환경을 모니터링하기 위해서는 교육이 필수로 이행되어야 하고, 모니터링 범주를 정하는 데서도 다양한 고려사항이 있어 정말 어려움이 많았지요. 커뮤니티매핑센터 임완수 박사님과 새벽까지 이야기를 나누면서 범주 구분, 지도 사용에 관한 부분까지 정말 많이 지원을 받았어요.

현장 교육이 필수였지만 코로나19로 집합 교육을 할 수 없어 온라인으로 교육을 하고, 지역별 리더를 선발해서 지역을 나눠 작업을 진행했지요. 사전에 음향신호기 정보를 받고 싶어서 경기도 내 지자체에 정보공개를 청구했지만 제대로 된 정보를 받을 수 있는 곳은 10개 내외 지역이었습니다. 그래서 저희가 발품으로 음향신호기 위치 정보까지 찾기 시작했습니다. 정말 10개 내외인 곳도 있고, 1만 개가 넘는 지역도 있었습니다. 처음엔 오류 데이터가 많이 올라와서 작업 과정을 보완하고 수정하는 시간을 가졌지요.

비대면 자원봉사활동으로 호기심에 참여했던 자원봉사자들이 하나둘씩 진지한 모습으로 변해가는 과정을 경험하게 되었습니다. 작동되지 않는 음향신호기, 작동되더라도 잘못된 음성안내 메시지로 자칫 시각장애인이 이용하다가 큰 사고로 이어질 수 있는 음성안내, 깨진 점자블록, 불량 볼라드 재질 등 문제가 너무나 많았는데, 어떤 날은 매핑에 나섰다가 제대로 된 시각장애인 편의시설이 하나도 없어서 화나 가고 눈물이 났다는 자원봉사자의 이야기를 들으며 매핑의 매력을 확인하게 되었습니다. 자신이 살고 있는 지역을 자세히 살펴보게 되고, 그리고 누군가를 배려하게 되는 인식이 생겨난 겁니다. 그동안 아무렇지 않게 보았던 횡단보도가, 음향신호기가, 점자블록이 어떤 건지 알게 되면 이젠 그냥 지나칠 수 없지요. 줄자로 규격이 맞는지 재보고, 음향신호기 작동되는지 눌러보게 되고, 점자블록 재질이 잘못되어 있는 건 아닌지 은연중에 신경을 쓰게 되는 겁니다. 시각장애인 커뮤니티매핑을 계기로 시각장애인을 조금이라도 이해하게 되고 배려하게 되는 것이죠. 이 활동에 참여한 자원봉사자들은 앞으로 어느 분야에서 일하게 되든 시각장애인의 보행환경에 대해 배려하고자 노력할 것이라고 믿습니다. 이렇게 커뮤니티매핑은 학습과 자원봉사(지역사회 기여)가 결합된 정말 멋진 프로젝트입니다. 직접 경험하고 참여하면 한 사람의 인생이 달라지는 경험, 그것이 바로 커뮤니티매핑의 매력입니다.

시각장애인 보행환경 모니터링 배리어프리로드 기획 봉사에 참여한 분들의 소감도 몇 개만 전달해드리겠습니다. 제가 제 언어로 표현하고 설명하는 것보다 그대로 전달하는 편이 더 독자분들께 가닿을 것 같아요.

· 보행환경 설치물이 당연히 작동이 된다고 생각했는데 그렇지 않은 것들이 있다는 것을 배웠습니다. 이 활동이 진짜 도움이 됐으면 좋겠습니다. 음향신호기가 작동이 안 되는 것도 많고 점자블록도 규격에 안 맞는 것이 상당히 많아 조사를 하면서 속상했습니다. 보다 많은 사람들이 배리어프리로드에 관심을 가져 보행환경이 개선되면 좋겠습니다. (의정부 김은지)

· 이번 배리어프리로드 활동을 통해 횡단보도 보행환경에 대해 자세히 배우고, 직접 거주지 근처 지역을 다니면서 어떤 문제점이 있는지에 대해 관심을 갖고 조사할 수 있었습니다. 그리고 조사로 끝나는 것이 아니라 커뮤니티매핑을 통해 자료를 등록, 공유할 수 있다는 것을 알게 되었습니다. 커뮤니티매핑이라는 것을 이 활동을 통해 처음 알게 되었는데 앱을 통해 거주지 근처는 물론 다른 지역의 보행환경에 대해서도 조사자끼리 공유가 가능하다는 것을 알고 신기했습니다. 누군가에게 어디로 시

간 내고 와서 교육 듣고, 결과 공유도 하자고 하면 시간이 걸려 못 하는 사람이 많을 수 있지만 매핑이라면 따로 모이지 않아도 다니면서 틈틈이 할 수 있어 시민들의 참여를 이끌어내는 것에 도움도 될 것 같다는 생각을 했습니다. 직접 보행환경 모니터링을 하면서 생각보다 더 많은 곳들의 설치물들이 제대로 되어 있지 않다는 것을 보고 안타까운 마음이 들었습니다.

· 교육을 듣고 처음으로 모니터링을 하던 날 횡단보도로 둘러싸인 사거리에서 '내가 시각장애인이라면…'과 같은 마음으로 시작했습니다. '잘되어 있어 수월하겠지' 하고 시작했으나 음향신호기가 엉뚱한 위치에 있어 길 안내를 엉터리로 하고, 선형블록이 가리키는 곳이 내리막길이 없는 낭떠러지인 곳, 음향신호기가 있어야 할 자리에 방범용 버튼이 있는 등 시각장애인들에겐 굉장히 위험해 보였습니다. 새로 생겨 저에겐 너무 편하게 느껴졌던 사거리의 대각선 방향 횡단보도들에는 내리막길, 음향신호기, 볼라드, 점자블록 전부 완벽한 곳이 한 군데도 없었던 것으로 기억합니다. 그래서 그 이후론 퇴근길에 집 주변을 걸으면서 열심히 참여했던 것 같습니다. '우리 집 주변이라도 책임지고 조사해보자' 같은 마음이었습니다. 아는 만큼 보인다고, 이제는 어디든 길을 걷게 되면 음향신호기나 점자블록, 볼

어웨이크닝

라드가 잘 설치되어 있는지 살펴보게 됩니다. 이런 작은 움직임들이 모여 시각장애인분들의 보행환경에 조금이나마 좋은 영향을 드릴 수 있었으면 좋겠습니다.

· 개인의 작은 활동 하나가 지역사회에 직접 공헌을 할 수 있다는 것이 큰 장점이라고 생각합니다. 베어리프리로드를 처음 알게 되어서 알지 못했던 적합한 보도블록이나 왼쪽이나 오른쪽에 따라 달라지는 성별의 목소리 등 보도블록에 관한 정보 등을 얻었기 때문에 저처럼 시각장애인의 보행환경에 대해 몰랐던 사람에게는 정말 좋은 교육이고, 봉사라고 생각했습니다. 처음에 봉사를 신청할 때에는 다세대가 함께 사는 저에게 코로나가 창궐한 시기에 개인이 활동하기에 적합한 봉사라고 생각했지만, 시간이 갈수록 확진자가 점점 늘어나며 내가 가는 곳에 누군가가 무증상자로 있을 수 있다는 의심을 지우지는 못했습니다. 때문에 직접 참여할 수 없어서 너무 아쉬움이 남는 봉사였습니다.

· 배리어프리 활동을 하면서 음향신호기가 설치가 안 되어 있거나 되어 있어도 작동하지 않는 것이 많다는 것에 가장 놀랐습니다. 그리고 점자블록이 잘못 설치되어 있고, 볼라드가 딱딱한 재질로 되어 있는 등 시각장애인의 보행환경이 좋지 않아 위험

하겠다는 것을 깨닫게 되었습니다.

· 활동 이전에는 아무 생각 없이 횡단보도에 서 있었지만, 이제는
횡단보도 근처에 가면 볼라드의 재질과 점자블록의 방향 등에
대해 보게 되었습니다. 이와 같이 배리어프리 활동을 통해 살고
있는 지역에 더욱 관심을 갖게 되고, 새로운 정보들을 얻을 수
있어 좋았습니다.

어웨이크닝

02

시민의 건강을
매핑하다

시민의 의료권에 기여하는 커맵

한 ──∘ 지금까지 사회적 약자 가운데 장애인과 관련된 커맵의 활동을 비교적 자세히 들어보았는데요, 장애를 지닌 사람뿐 아니라 성 소수자, 여성, 어린이, 소수 인종 등 모든 사회적 약자가 건강하게 살 수 있게 하기 위한 시민 사회의 목소리는 쉽게 묻히게 마련입니다. 저는 개인적으로 사회적 약자를 우선으로 하는 커맵이 의료 보건과 이어지는 점에 많은 독자분들이 관심을 가지리라 봅니다. 이와 관련한 사례를 좀 더 소개해주시겠어요.

임 ──° 가장 먼저 서울에서 진행했던 '자동심장충격기AED 매핑'을 예로 들어볼 수 있겠어요. 심장마비는 남녀노소 누구나 장소와 시간에 관계없이 일어날 수 있는 증상입니다. 이에 따라 최근 국내 관련 법에 의해 자동심장충격기는 규정된 기관 및 공공장소에 설치 및 운영되고 있습니다. 하지만 일반 시민들이 자동심장충격기에 대해 제대로 알고 있지 못해 활용 사례가 낮고, 전체 자동심장충격기에 대한 효율적인 관리가 이루어지지 않고 있는 실정입니다. 게다가 응급상황이 일어났을 때 전문 구조요원도 자동심장충격기가 정확히 어디에 있는지 파악하기 어렵고, 기구가 제대로 작동하지 않는 상황도 발생하고 있어서 서울시 강북구와 커뮤니티매핑센터가 자동심장충격기의 활용과 관리를 위한 커맵 사업을 시행하게 되었습니다.

이 사업은 커맵이 갖는 '참여 및 소통'의 과정과 결과물 등을 통해 시민들이 자동심장충격기의 필요성과 활용에 대해 잘 인식하게 하는 것이 주된 목적이라고 할 수 있었어요. 세부적으로는 커맵을 통해 서울시 전역에 보급되어 있는 자동심장충격기의 위치와 현황, 상태를 파악하는 것, 주민들이 참여해 자동심장충격기와 관련된 데이터를 업데이트하는 것, 비상시에 자동심장충격기를 언제든 활용할 수 있도록 유지 및 보수하는 것, 계속적인 주민 참여로 자동심장충격기에 대한 이해와 관심을 증진시키는 것이 목표였고

어웨이크닝

요. 그렇게 2013년 7월 25일부터 연말인 12월 31일까지 서울시 보건의료정책과, 강북구보건소가 주관해서 강북구 '두루두루배움터' 소속 청년, 중고등학생 100명과 함께 강북구 전역에서 프로젝트를 진행했죠.

당시 강북구에 300여 대의 자동심장충격기가 설치되어 있었지만, 어디에 설치되어 있고 또 기기를 어떻게 활용하는지 주민들이 잘 알지 못해 꿰다 놓은 보릿자루 같은 상태였습니다. 그래서 강북구는 주민들이 직접 나서서 자동심장충격기의 위치를 찾고 설치 위치와 관리자를 지도 위에 올리는 작업을 시작하기로 마음먹었던 거죠. 강북구는 직원들과 참가자들을 대상으로 커맵에 대해 강의를 했고, 다른 한편으로 심폐소생술 실습교육을 진행함으로써 자동심장충격기 사용방법을 숙지하도록 해 응급 시 사용할 수 있도록 지원하고 주변에 홍보할 수 있도록 했습니다. 교육 후에는 자동심장충격기와 관련해 변수를 설정하고 매핑 작업을 진행했습니다.

참여자들은 현장조사를 통해 강북구 내에 설치되어 있는 자동심장충격기의 위치, 접근 용이성, 관련 정보를 모아서 모바일 기기를 통해 웹에 업로드했고, 자동심장충격기 발견성에 관한 변수별 결과 총 331개의 정보가 입력되었습니다. 24시간 개방하지 않는 경우도 12퍼센트(업무시간에만 개방 09:00~18:00)를 차지해 법적 설치기관의 경우 24시간 개방할 수 있도록 할 필요성이 나타났습니다. 그 밖에 보관함이 잠겨 있거나 담당자가 부재중인 경우가 있어 실제로 응급상황이 생겼을 때 대처가 불가능한 경우도 있었습니다.

이 프로젝트는 참가 시민에게 자동심장충격기가 무엇이고 제대로 관리하는 게 왜 중요한지를 인식시키는 계기가 되었고, 본인이 점검했던 기기를 향후에도 자발적으로 정기적으로 확인하고 싶다는 참석자들도 많이 나타났습니다. 또한, 커맵 활동 이후 그동안 관심을 갖지 않았던 자동심장충격기가 눈에 잘 들어오게 되었고, 평상시 자동심장충격기 위치를 숙지하고 확인하게 되었다는 후기도 있었습니다. 저는 이러한 현상을 보고 커맵을 통해서 시민들이 자발적으로 공공물을 지속적으로 확인하고 홍보할 수 있는 커뮤니티가 형성될 가능성을 보았습니다.

또한, 커맵을 통해 업데이트된 자동심장충격기에 대한 정보는 강북구가 기기의 위치와 주기적인 관리 여부를 확인해 전체 기기를 보다 효율적으로 관리할 수 있는 기반을 만들어줬다고 할 수 있겠습니다.

그 뒤로 2014년 5월부터 2개월간 '강북구보건소 의료기관 커맵' 사업도 진행했습니다. 의료시설에 대한 정보는 신속하고 명료한 접근이 필수적입니다. 그런데 기존의 웹 지도 정보는 접근성은 좋지만 상세한 정보가 없고 내용도 지속적으로 업데이트되지 않아 정보가 정확하지 않은 상황입니다. 강북구보건소에서는 양질의 데이터를 지속적으로 관리하고 있지만 이를 주민들에게 손쉽게 제공할 수 있는 방안을 마련할 필요가 있어서 커맵 프로젝트를 진행하게 되었습니다. 강북구 데이터와 매플러 서비스를 결합해 강북구 관내 의료기관(병의원, 약국) 현황에 대한 정보를 웹 지도 서비스를 통해 제공해 주민들이 필요할 때 손쉽게 의료기관의 정보를 찾을 수 있도록 했지요.

2014년 의료계 파업으로 인한 의료 대란이 있었고, 커맵센터에서는 의료기관의 필요정보를 지도 위에 바로 업데이트하면 좋겠다는 생각을 해봤습니다. 특정한 날 파업하는 의료기관과 그날 영업하는 의료기관을 지도 위에서 바로 보여준다면 '실시간 정보를 필요로 하는 주민이 쓸 수 있지 않을까'라는 생각이 이 프로젝트의 시작점입니다. 개인적으로 이 프로젝트를 진행하며 강북구보건소와 연계한 점이 좋았습니다. 보건소에 등록된 의료기관 자료를 바탕으로 온라인 지도를 구축해 지역 주민들이 의료기관에 손쉽게 접근할 수 있도록 했습니다. 최초 데이터는 모두 강북구보건소에서 제공했으며, 이후에 저희 커맵센터에서 추가로 입력했습니다. 입력된 데이터를 바탕으로 웹페이지에서 로그인해 내용을 추가하거나 편집할 수 있게 해 향후 강북구보건소에서 필요할 때마다 내용을 수정할 수 있도록 서비스를 구축했습니다.

이후 강북구보건소에서는 강북구 내 병원, 의원, 치과, 한의원, 약국 등에 대한 커맵을 했으며, 이와 더불어 장애인접근성에 관한 지도 만들기를 진행해 출입구 경사로, 엘리베이터 유무, 장애인 주차 구역, 휠체어용 장애인 진료 가능 여부에 관한 내용 등을 추가했습니다. 커맵 활동에는 장애인들과 비장애인들이 의료기관에 대한 장애인접근성 지도 만들기를 함께했습니다. 이렇게 온라인 의료기관 지도가 형성돼 계속 업데이트되면 주말에 여는 약국, 혹은 주민에게 필요한 여러 가지 정보를 실시간으로 유용하게 제공할 수 있게 됩니다. 또 다양한 의료 기관에 대한 접근성 연구에도 도움을 줄 수 있고요.

모든 시민의 건강권에 기여하는 커맵

한 ──∘ 그렇군요. 건강권과 관련해서는 의료가 가장 먼저 생각나지만, 꼭 의료기관만이 매핑 대상이 되진 않을 것 같습니다. 앞에서 예방의학의 개념을 설명해주시고, 예방의학이 고려해야 할 점을 일곱 가지로 정리해주셨잖아요. 인상적이었던 점은 예방의학이 단순히 의료적 처치만이 아니라 신선하고 건강한 채소를 구매할 수 있는 주변 여건이 되는가, 외부 활동을 자유롭게 할 시설이 충분한가도 고려 대상이라는 거였어요. 이번에는 이렇게 시민의 주변

생활 환경과 관련해서 진행되었던 커맵의 사례를 들어보고 싶습니다.

임 ──∘ 강북구 지역 운동 시설 지도 만들기 커맵 사업이 있습니다. 개인의 여가활동 및 건강관리에 대한 관심이 확산되면서 지자체에서 설치하는 야외 운동기구가 급증했고, 그러면서 야외 운동 시설에 대한 관리도 필요해졌습니다. 강북구보건소에서는 지역의 참여를 확대하기 위해 강북구 지역 운동 시설 지도 만들기 커맵을 시작하게 되었습니다. 이렇게 지역 운동 시설에 대한 관리에 관심이 있는 지자체가 있는 반면, 어떤 지자체에서는 야외 운동 시설에 대한 안전관리가 미흡해 이용자의 안전을 위협하는 일이 발생하기도 합니다. 또 어린이용 야외 운동기구에도 어린이 놀이기구에 대한 적합성 여부가 규정상 명확하지 않고 안정성 검사 없이 설치·운영되는 경우도 있습니다. 강북구 지역 운동 시설 지도는 운동 시설의 위치와 설명, 기구 종류, 장소 찾기의 용이성, 시설 이용의 장애 여부와 설명, 비상연락망, 사용 가능시간, 시설 점검상태, 시설 파손상태, 이용 안내 문구의 상태와 현장 사진 등의 정보를 지역 주민들이 올려놓게 되어 있습니다. 이 프로젝트는 시민이 참여해 정보를 계속 업데이트해 지역 운동 시설을 효과적으로 관리할 수 있다는 효과가 있습니다.

→ • 강북구 삼양초등학교 학생들과 함께한 커뮤니티매핑. 학생들 스스로 학교 근처와
지역사회의 안전을 매핑하면서 주체적인 시민으로 성장한다.

하나 더 말씀드리자면 2013년에서 2015년 사이, '서초구 보건
소, 청소년 건강 유해환경 매핑' 사업도 진행했어요. 청소년 유해
환경이란 청소년의 정신적·신체적인 건강한 성장을 심각하게 훼
손하는 것으로 청소년 유해 매체물, 청소년 유해업소, 청소년 유해
행위 등을 포함한 각종 유해환경 등을 일컫습니다. 서초보건소에
서는 주민참여형 지도 만들기인 커맵을 통해서 학생, 교사, 학부모

어웨이크닝

등의 스마트폰을 활용한 유해환경을 자율적으로 매핑하고 개선하는 활동을 펼치려고 했지요. 저희 커맵센터에서는 학교 주변, 청소년들이 자주 다니는 가로에 설치된 각종 조형물, 홍보물, 상점 등에 대한 일반적인 정보와 청소년 대상으로 주류 판매가 되고 있는지 등을 지도에 표시하도록 했습니다.

'건강 관리'라고 하면, 시니어 세대를 빼놓을 수 없지요. '시니어 커맵을 통한 노인건강 및 복지 매핑' 프로젝트 또한 진행했고, '여가시간 활용과 수입 보조' 관련 매핑도 했었어요. 결과적으로 여가시간 활용뿐만 아니라 일자리 제공에 유용하게 쓰일 수 있었지요. 이런 사례들이 커맵의 예방의학적 접근이라고 할 수 있겠네요.

한 ——。 커맵이 시민의 건강에 어떤 식으로 기여하는지 와닿는 사례들이 아닌가 싶습니다. 모든 사업이 그렇지만, 주요 목적을 달성하고 나면 부수적인 효과도 따르게 마련 아니겠습니까. 여가시간을 잘 활용하도록 돕는 커맵이 일자리 제공에 활용되었듯이 말이지요.

임 ——。 물론입니다. 이러한 커맵 사업은 지역사회에 봉사 기회나 일자리를 줄 수 있을 뿐 아니라 소속된 사람들에게 역할을 부여해주고 자긍심을 줄 수 있습니다. 사람들 간에 대화가 늘고, 지역사회의 주요 관심사에 대해 서로의 공감대가 형성되면서 커뮤니티가 형성되고 결속력이 강화됩니다. 또, 최근 가장 문제가 되는 세대 간 갈등을 완화하는 데에도 한몫합니다. 젊은 세대와 시니어 세대는 커맵을 진행하는 과정에서 자연스럽게 많은 대화를 하게 되고, 이러한 교류를 통해 서로를 이해할 수밖에 없어요. 반드시 의료적 처치를 받고 운동과 관련된 활동이 아니라고 하더라도, 시민의 건강을 진전시키게 되는 거죠. 어르신들은 뚜렷한 목적을 가지고 물리적인 활동을 하게 돼 신체 건강도 증진되고, 치매도 예방되는 등의 효과가 있습니다.

미세먼지를 매핑하다

한 ──◦ 건강, 의료라고 하니까 요즘 가장 시민의 건강을 위협하고 있는 미세먼지 문제가 떠오릅니다. 정권이 바뀔 때마다 미세먼제를 해결하겠다는 공략들을 많이 내보이곤 있어요. 실제로 문재인 정부 들어서는 오래된 화력발전소 가동을 과감히 중단하기도 하고, 차량 2부제도 운영했죠. 하지만 효과는 미미해요. 아이러니하게도 2020년 봄에는 오히려 미세먼지가 딜했어요. 코로나19 발발로 인해서 중국 공장들이 일시 휴업을 했기 때문이에요.

2018년 지방 선거에 출마한 사람들의 공통적인 공약 1위가 미세먼지 해결, 2위가 집값 상승 해결이었다고 합니다. 그만큼 모두가 미세먼지의 중요성을 확실하게 깨닫고 있는 것 같습니다. 하지만 중앙정부가 나서도 쉽지 않은 일을 시장이나 구청장에 나선 사람이 해결할 수 있을까요? 집값이 오르려면 삶의 질부터 높여야 합니다. 미세먼지를 해결해준다는 가전제품만으로는 근본적인 해결이 어렵습니다. 이러한 상황에서 커맵센터가 미세먼지 문제와 관련해서 진행했던 사업이 있다고 들었습니다. 한번 들어볼 수 있을까요?

임 ──。 네, 있습니다. 경기 부천시 송내고등학교에서 진행했던 사업이에요. 커맵센터에서는 빅데이터를 활용해 미세먼지 문제에 접근하는 것을 생각해봤습니다. 서울 시민 1만 명 정도가 미세먼지 측정기를 설치하면 여기서 모인 빅데이터를 통해 미세먼지 문제를 해결하는 데 도움을 줄 수 있을 거라고 판단하고, 2019년부터 '미세먼지 측정 커맵'에 무게를 두기 시작했습니다. 이를 위해 센터에서는 사물인터넷IoT을 이용한 간이 미세먼지 측정기를 개발했습니다. 간이 측정기에서 측정한 미세먼지 값을 사물인터넷을 통해 센터의 서버에 보내도록 하는 시스템입니다. 간이 측정기는 수천만 원대에 이르는 고가의 장비보다는 미세먼지 값이 조금 높

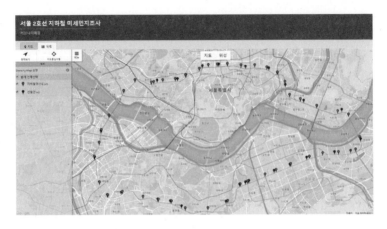

서울 2호선 지하철 미세먼지조사

지도   위성

—• 지하철 미세먼지 커맵으로 기록된 데이터를 표시한 점들이 지하철 2호선의 윤곽을
　정확히 그려내고 있다.

게 측정되지만, 이런 오차를 인공지능과 기계학습을 통해 보완함
으로써 데이터의 유용성을 높였습니다. 시민들로 하여금 미세먼
지 측정 활동에 직접 참여하게 해 미세먼지 문제에 대한 인식을 개
선하고 정책 수용성을 높이는 것을 목적으로 했고요.

　2020년 1월 4일, 부천 송내고 학생들이 커맵센터가 실시한 '지
하철 2호선 커맵' 프로그램에 참석했고, 프로그램은 공동체가 힘
을 모아 미세먼지 지도를 만드는 방식으로 진행되었습니다. 학생
들은 공동체 지도에 대한 설명을 들은 후 오후 2시부터 2~3명씩
조를 나누어 2호선 지하철을 타고 흩어졌습니다. 각 팀이 3~4개
의 역을 나누어 미세먼지를 측정한 뒤 측정치를 저희 커맵센터 서
버에 모았죠. 흩어진 학생들이 미세먼지 수치를 재어 측정치를 보

　　　　　　　　　　　　　　　　　　　　　어웨이크닝

내오자, 지하철 2호선 미세먼지 지도가 점차 윤곽을 드러내기 시작했습니다. 처음 서너 개 측정값이 올라왔을 때만 해도 그것은 단순히 흩어진 몇 개의 점처럼 보였습니다. 그러나 학생들이 측정한 데이터가 70개 이상이 되면서 일정한 형식을 갖추기 시작했습니다(mapplerk3.com/pmsubway). 그리고 오후 5시경, 데이터가 200개 정도 수집되자 데이터를 표시한 점들이 지하철 2호선의 윤곽을 정확히 그려냈습니다.

몇 개의 역을 이동하며 미세먼지를 측정하느라 피곤한 기색이 있던 학생들도 완성된 지도를 보며 뿌듯함을 느끼는 듯했습니다. 각각 모은 미세먼지 데이터는 비록 몇 개일 뿐이지만 여럿이 함께 미세먼지 데이터를 모았을 때 모양이 되고 마침내 유용한 데이터로 활용될 수 있다는 점을 커맵 과정을 통해 몸소 배우게 된 겁니다.

이날 학생들은 실제 미세먼지 수치를 측정해보며 스크린 도어의 중요성도 새삼 깨달았다고 합니다. 이날 서울의 실외 미세먼지는 간이 측정기로 70 안팎으로 기록될 정도로 높은 편이었습니다. 하지만 스크린 도어가 장착된 2호선 승강장은 50~60 정도로 실외보다도 낮았습니다. 외부 환기구로 뿜어져 나오는 미세먼지가 90 정도로 높은 상황인 걸 고려할 때 2호선 승강장의 상대적으로 낮은 미세먼지 수치는 스크린 도어를 설치한 덕이 크다고 학생들은 결론을 내렸습니다.

이처럼 커맵을 통한 미세먼지 측정 과정을 모든 학교에서 교육 과정으로 진행한다면 우리나라 미세먼지 문제를 해결하는 데 큰 도움이 되지 않을까 생각됩니다.

한 ──∘ 미세먼지의 심각성이 갈수록 심해지고 있고, 이에 대해서는 시민들이 크게 자각하고 있는 건 저도 체감하고 있습니다. 그래서 공기청정기 판매도 늘어나는 것 같고요. 그런 기본적인 공감대를 커뮤니티매핑에 활용한다는 발상과 그 결과물을 토대로 다시 더 나은 세상을 만든다는 게 어찌 보면 참 경이롭습니다.

임 ──∘ 미세먼지에 대해서는 시민들이 관심이 높아져서 지금 온라인상에서 미세먼지 데이터를 실시간 지도 상에 보여주는 웹사이트가 많습니다. 예를 들어 지도를 보면 백령도의 미세먼지 수치가 무척 높게 나옵니다. 백령도에 차들이 많이 다니는 것도 아닌데 왜 이렇게 수치가 높게 나올까 생각을 해봤습니다. 백령도에 가까운 중국 쪽의 미세먼지 수치를 보면 엄청 높게 나옵니다. 마침 바람도 북서 방향에서 불어오고 있고요. 아마도 중국의 미세먼지가 백령도 쪽으로 바람을 타고 흘러오는 것 같습니다. 이 온라인 미세먼지 지도를 보면 시간대마다 수치가 변해요. 오전 7시쯤 돼서 서울의 교통량이 많아질 때 미세먼지가 수도권 지역에서 점점 수치가 올라가더라고요. 그리고 오전 9시가 지나면 경기도와 충청권에 있는 산업 지역에서 미세먼지 수치가 막 올라갑니다. 그렇지만 제가 이렇게 보는 것은 시각화된 데이터로 추측할 뿐이지 확실한 증거는 아닙니다.

우연히 웹사이트에서 미세먼지 관련 연구 논문을 찾다가 놀라운 사실을 발견했습니다. 일단 미세먼지 관련 논문을 찾으면 중국 성을 가진 연구자들이 제일 많습니다. 전수 조사를 한 것은 아니지만, 관련 논문에 중국 성을 가진 사람들 이름이 대략 70퍼센트더라고요. 물론 인구 대비로 논문 숫자를 이야기하면 할 말이 없지만, 우리나라에서도 이런 논문들이 많이 나오면 좋겠다는 생각을 해보았습니다. 그렇게 되기 위해서는 아주 많은 데이터가 있으면 좋지 않을까 하는 생각을 했어요. 또한 시민의 관심도 중요하고요.

정확한 리서치를 하기 위해서는 자세한 미세먼지 데이터와 시민과학이 필요하다고 생각합니다. 그래서 시민과학을 미세먼지 데이터 모으는 일에 적용하기로 했지요. 가장 먼저 미세먼지 센서부터 만들었습니다. 한 2년 동안 열심히 만들어서 그것으로 학생들이랑 다양한 프로젝트를 했어요. 특히 좀전에 이야기한 것처럼 부천에 있는 송내고 학생들과 많은 프로젝트를 했습니다.

(컴퓨터 모니터로 자료를 보여주며) 이게 홍대 근처에서 학생들이랑 미세먼지 농도와 그 토지 이용에 관련된 것들을 매핑한 자료인

데, 지역에 따라 수치가 다 다르게 나옵니다. 공원과 버스정류장 인근의 수치는 크게 달라요. 장소에 따라 다르기도 하지만 시간대별로도 다르게 나옵니다. 새벽, 출근 시간, 퇴근 시간으로 나누어 볼 수 있죠. 따라서 하루 평균 미세먼지 수치라고 하면 잘못된 정보를 접하게 되는 거예요.

예를 들면, 오늘 하루 평균에 미세먼지는 32마이크로그램/큐빅미터라고 합니다. 그렇게 얘기하면 저 수치는 나에게 안전하거나 안전하지 않다고 생각할 수 있죠. 그런데 이게 서울 하루 평균 수치입니다. 어디는 높고 어디는 낮다, 장소와 시간대에 따라 다르다 이런 정보는 없는 거죠. 이런 점을 제대로 알아야 저희가 미세먼지가 어떻게 생기고 움직이는지 등을 알 수 있고, 건강도 지킬 수 있습니다. 같은 수치라도 지역에 따라 오염도 기준이 다를 수도 있고요.

한국과 미국의 건강 관련 미세먼지 기준이 다른 거 아세요? 한국에서는 하루에 평균치 기준 초미세먼지가 50마이크로그램 이상이 나오면 위험하다고 하지요. 미국에서는 35마이크로그램입니다. 또한 한국은 1년 평균치 초미세먼지가 25마이크로그램 이상이 되면 안 되는데, 미국은 12마이크로그램입니다. 무척 다른 거지요.

이와 관련해서 제가 몇 가지 하고 싶은 이야기가 있어요. 한국에서는 나무가 미세먼지를 많이 흡수한다고 믿고 나무를 많이 심고 있어요. 나무 심는 것은 굉장히 좋습니다. 미세먼지뿐만이 아니라

어웨이크닝

정서에도 좋고 스트레스 해소에도 도움이 됩니다. 나무가 많은 곳에 사는 학생들이 성적이 훨씬 더 잘 나온다는 논문도 있습니다. 나무가 있으면 땅 지표 온도도 낮아집니다. 공기 순환도 잘됩니다. 그렇게 공기 순환이 잘되면서 미세먼지가 분산되기도 하는 거지요. 그런데 나무가 미세먼지를 흡수한다고 해도 공원과 나무가 미세먼지를 다 흡수하는 것은 아닙니다. 한 예로 저희가 평상시 물을 한 통을 마실 수 있는데 누가 열 통을 준다고 열 통 모두를 마실 수는 없잖아요. 나무도 그런 거예요. 한 개의 미세먼지를 흡수하는 나무가 있는데, 미세먼지가 열 개라고 생각해보세요. 미세먼지 수치가 굉장히 높아졌다고 나무가 갑자기 많은 양의 미세먼지를 흡수할 수가 없습니다. 그냥 나무는 평소에 흡수할 수 있는 만큼만 흡수하는 거지요. 그래서 미세먼지가 높을 때는 나무가 할 수 있는 역할이 그렇게 많지 않아요. 제가 나무를 심지 않기를 바라는 게 아니고요, 나무의 미세먼지 제거 효과를 너무 높게 보고 무조건 나무를 심자고 주장하시는 분들이 계시는데 그 부분이 제 생각과 다르다는 것을 얘기하고 싶은 겁니다.

또 하나는요, 제가 직접 학교에서 보았던 장면에 대한 충격입니다. 학교에 식물을 많이 심어놓고 우리 교실은 이제 식물이 많아서 미세먼지를 이 식물들이 흡수하니까 괜찮을 것이라 생각하고 창문을 열어놓고 계신 분이 있더라고요. 창문을 열고 미세먼지 수치를 재보면, 밖이랑 실내랑 수치가 똑같습니다. 식물이 있으니까 공기가 맑으리라 생각하고 창문을 열어놓으면 미세먼지를 많이 마실 수밖에 없고, 결과적으로 학생들 건강이 나빠지겠지요. 연구에 의하면 실내에서 미세먼지를 정화시키려면 거의 정글 수준의 식물이 있어야 된다고 하네요(웃음).

지하철에서도 마찬가지입니다. 지하철 안에 환풍기가 있잖아요. 환풍기에서 시원한 바람이 불어오면 마시게 되겠지요. 나중에 측정해보면 미세먼지 수치가 굉장히 높다는 걸 알 수 있어요. 저희가 미세먼지를 측정하는 이유는 이런 데이터를 활용해 미세먼지를 줄이고, 여러 역할을 하고 교육하는 것도 있지만, 결국은 자신의 건강을 지키기 위해서입니다. 저희가 경기도자원봉사센터와 경기도에서 미세먼지 커뮤니티매핑을 3년째 하고 있어요. 특히 다양한 지역에서 실내와 실외의 미세먼지 매핑을 했어요. 예를 들면 아파트, 연립주택, 공장 지대, 공사장 등을 조사하면서 놀란 게 있습니다. 2019년과 2020년에 미세먼지 수치가 많이 달랐습니다. 2020년에 코로나 때문에 미세먼지가 많이 줄었습니다. 그런데 그때 미세먼지 수준도 몸에 문제가 없을 정도로 맑은 정도는 아니었어요. 아주 나쁜 정도가 좀 줄어든 거죠.

제가 너무 놀란 게, 미세먼지가 심할 때는 아파트에서 실내와 실외의 미세먼지 농도 차이가 굉장히 커요. 미세먼지 수치가 나쁜 게

어웨이크닝

눈에 보이고 사람들이 알려주니까 집 안에서 공기청정기를 틀어 관리하는 거죠. 그런데 미세먼지 수치가 조금 낮은 날에는 사람들이 상대적으로 공기가 나쁘지 않으니까 공기청정기를 안 틀고 창문을 열어놓고 계신 거예요. 아직 수치가 몸에 해로운 수준인데도 그래서 외부랑 실내의 미세먼지 수치 차이가 별로 많이 나지 않아요. 물론 가끔 창문을 열고 환기를 해야지요. 그런데 그 수치는 아직 몸에 나쁜 수치예요. 무슨 말인지 아시겠죠. 저희가 눈으로 보고 이렇게 몸으로 느끼는 것과 실제로 확인해서 보는 게 너무 다릅니다.

그래서 저는 물론 모든 가정에 미세먼지 측정기가 있으면 좋다고 생각하지만, 최소한 미세먼지 수치가 건강에 어떤 의미가 있는지 알고, 또 이런 수치를 확인해 시민들의 건강을 지키는 것이 중요하다고 생각합니다.

한 ──◦ 박사님의 말씀을 듣다 보니 문득 지하철 역사 내부의 미세먼지 측정에 사용되었다는 그 측정기에 대해서 궁금해집니다. 임 박사님이 자체 개발한 측정기가 있는 것 같네요. 본 사업에 활용하셨고요. 그 측정기를 학교를 비롯한 사람들이 많이 모이는 곳에 설치한다면 실태가 정확하게 파악될 테고, 그러면 해결책도 쉽게 나오지 않을까 싶습니다. 그 측정기를 시중에서는 구매할 수가 없나요?

—• 미세먼지가 서울 도심을 가득 채운 광경.

—• 서울 지하철 2호선 홍대입구역 근처에서 미세먼지 커뮤니티매핑을 하는
   자원봉사자들의 모습.

162   어웨이크닝

임 ——。 네, 센터 내에서 자체적으로 한 대당 20만 원대의 미세먼지 측정기를 개발했습니다. 저희가 시민과학으로 문제를 보고자 미세먼지 데이터를 모으기 위한 센서를 만들어본 거예요. 지난 2년 동안 이걸 만드는 동안 우여곡절이 많았죠. 디자인도 직접 하고 측정기 안에 들어가는 소프트웨어, 펌웨어도 만들었어요. 미세먼지 측정기 비용은 저희가 공장에서 부품을 가지고 조립만 한 비용을 보면 원가가 약 7만 5,000원쯤 해요. 그런데 저희가 펌웨어를 만들었죠. 그리고 그 데이터를 인터넷을 통해서 전송해 축적해놓는 크라우드베이스 온라인 지도 웹사이트까지 있습니다. 데이터를 데이터 서버에서 정리해 여러 가지 형태로 시각화하고 모델링할 수 있는 것까지만 들어가 있습니다. 지금 일단 운용 중인데요, 저희가 만든 것을 한국에서도 쓰고 있지만 미국과 멕시코에서도 시험적으로 커뮤니티매핑을 하면서 쓰고 있습니다. 다양하게 데이터를 시각화하고 온도도 보여주고 실시간 풍향, 풍속 같은 것도 보여줍니다. 이런 것들이 다 포함해서 같이 제공되는 거예요. 저희에게는 크게 손해인 거지요. 그렇지만 저한테 미세먼지는 너무 중요한 이슈이기 때문에 계속 진행하고 있습니다.

현재는 부천 송내고등학교, 서울고등학교, 경기도자원봉사센터와 같이 프로젝트를 진행하고 있습니다. 학생들이 시민과학 프로젝트로 쓰면서 측정기를 계속 개선하다 보니 아직 환경부 인증을

—• 삼양초등학교 학생들이 학교 내에서 미세먼지 측정기로 결과를 기록하고 있다.

받지는 못했습니다. 미세먼지 측정기를 정부에서 인증받아야 하는 나라는 우리나라밖에 없다고 합니다. 시민과학에서 쓰는 미세먼지나 다른 환경 측정기는 예외로 해야 다양한 시민참여형 시민과학 프로젝트가 생기지 않을까 하는 생각을 해봅니다.

한 ──○ 참 아쉽네요. 아이들 학교의 교실마다 하나씩 사용하면 참 좋을 텐데 말이지요. 그런데 얼핏, 미세먼지 커뮤니티매핑은 캠페인이나 홍보물 제작과 어떤 면에선 같아 보이거든요. 어떤 차별점이 있을까요?

임 ──° 아닙니다. 많이 달라요. 캠페인이나 홍보물 제작 등은 거의 일방적 소통이지요. 미세먼지 커맵은 그것을 넘어 국민-정부 간 양방향 소통을 확대하는 밑받침이 됩니다. 시민참여형 미세먼지 커뮤니티매핑은 시민의 참여를 활용해 시민의식을 개선하고 모인 데이터를 분석해 정책을 세우고 서비스를 기획해 보다 좋은 대기환경을 만들어가는 것을 목적으로 합니다. 그래서 첫 번째 장점은 실제 주민의 처지에서 바라보는 지역 미세먼지 현황 파악이 가능하다는 점이고, 두 번째 장점은 주민들이 축적한 데이터를 행정수요와 결합하고 비교해보면서 주민의 필요가 적극적으로 반영된 미세먼지 정책을 계획하고 실현할 수 있게 된다는 점입니다.

한 ──° 공기오염을 모니터링함으로써 내 주변의 미세먼지 수준과 영향을 제대로 파악하고, 미세먼지 오염의 원인을 파악하며, 미세먼지에 대한 인식을 개선하고, 미세먼지 문제 해결에 대한 시민들의 자발적 참여의지를 강화해 미세먼지 정책 수립 과정에서 시민의 참여를 활성화한다는 거군요. 참여형 미세먼지 데이터베이스 구축과 빅데이터 분석을 통해서 정책을 수립하고 기획할 수 있다는 말이 미래지향적으로 들리네요.

냄새를 매핑하다

한 ——。 미세먼지를 매핑한다는 말씀을 들었을 때 '아, 정말 괜찮은 발상이다' 싶었는데, 냄새도 매핑하셨다는 말을 듣고 놀랐습니다. 냄새란 화학적이고 공기 중에 퍼지는 것인데 어떻게 매핑을 한다는 건가요? 또, 개선할 수 있는 문제인가요?

임 ——。 말씀하신 대로 미세먼지가 물리적인 입자를 측정한다면 냄새는 입자에서 나오는 화학적인 요소를 측정하는 거라 무척 복잡합니다. 복잡한 만큼 성공하기도 어렵습니다. 한국은 실패를 인정하지 않는 분위기여서 더 어렵지요. 그래도 사례가 있습니다. 서울산업진흥원과 함께한 사업인데요, 서울산업진흥원에서 마곡 지역 문제를 해결할 수 있는 리빙랩에 아이디어를 내라고 했죠. 처음부터 관심 있었던 건 아니고, 미세먼지와 관련된 매핑을 진행하다 보니 구축된 걸 활용하면 좋을 것 같았어요. 물론 예상보다도 어려웠지요. 미세먼지 측정이 돌멩이의 숫자를 세는 거라면, 냄새는 돌멩이의 화학적 성분으로 냄새를 예측하는 거라서 아직 정확도가 떨어져요.

다만 지금 이 순간에도 냄새를 측정하는 센서와 관련된 기술이 계속 발달하고 있습니다. 문제는 센터가 개발과 수익을 연결하지

—• 고등학생 자원봉사자들이 커뮤니티매핑센터에서 미세먼지 측정기를 만들고 있는 모습.

—• 시민과학으로 개발한 미세먼지 측정기로 측정 결과를 매플러 사이트에 올리는 모습.

못하는 것입니다. 이게 저희 센터의 한계점입니다. 안타깝다면 안타까운 현실이라고 할 수 있죠(웃음).

한 ──∘ 그렇군요. 아까 미세먼지 측정기를 만드셨다고 했지요? 그렇다면 언젠가는 냄새도 그러한 정확한 측정이 가능할까요? 냄새를 측정하는 기술이 꾸준히 발전 중이라고 하셨는데, 아직 그 기능은 떨어지더라도 혹시 미세먼지 측정기와 같이 센터에서 개발한 냄새 측정기가 존재하나요?

임 ──∘ 네, 휴대용 냄새 측정기를 자체 개발하고 제작했습니다. 일단은 마곡 지역에서 가장 중요한 화학물질이나 냄새가 뭘까 찾아보고 검토해서, 강서구청 환경관리과의 의견을 반영해 황화수소 암모니아, 총휘발성유기화합물질TVOC 같은 것들을 측정할 수 있는 휴대용 냄새 측정기를 개발해 제작했습니다. 휴대성과 편리성을 고려해서 디자인을 확정한 다음 테스트를 해보고 휴대용 측정기를 12대 만들었죠.

　지금 제가 서울산업진흥원과 함께 진행한 프로젝트를 간단히 설명을 드렸죠? 이 프로젝트를 진행하던 중 마곡 주민들은 워크숍으로는 마곡지역 냄새의 일부밖에 확인할 수 없다며 밤 11시에서 새벽 5시 사이에 냄새를 측정할 필요가 있다고 했습니다. 실시간으

—● 커뮤니티매핑센터에서 개발한 냄새 측정기로 마곡지역에서 냄새매핑을 하는 모습.

로 냄새의 변화추이를 측정하는 데 휴대용 측정기는 한계가 있다
는 의견이었습니다. 그래서 마곡 주민들의 의견을 반영해 긴급하
게 고정형 냄새 측정기 개발을 추진했습니다.

　이런 기술을 기반으로 삼아 지역 주민과 학생들이 참여해 냄새
지도를 만듭니다. 2019년 10월부터 12월까지 5회의 워크숍과 개
별 측정 등을 진행했고요. 워크숍에서는 왜 이런 활동이 필요한지
동기부여를 하고 데이터 입력방법에 대해서도 실내에서 먼저 시
뮬레이션을 진행했습니다. 이후 운영그룹과 함께 현장에 나가 마
곡지구 전 지역의 냄새를 측정했어요. 휴대용 측정기로는 워크숍
과 심야/새벽 냄새를 측정했고, 고정형 측정기로는 희망 주민의 신

청을 받아 설치해 냄새를 측정했습니다. 이후 소감을 나누는 활동을 통해 느낀 점을 공유하고 현장에서 수집한 데이터가 어떤 방식으로 플랫폼에 모여서 이후 어떻게 활용되는지 직접 확인하도록 했습니다. 그 결과 총 125명이 남긴 1720개의 데이터를 수집할 수 있었습니다.

이 프로젝트는 악취라는 사회 문제를 다루는 일에 '시민참여'를 통해 주민들이 실제 체감하는 고충을 우선 해결하는 방안으로 접근했습니다. 이 방식을 이용하면 지역사회에 대해 시민과 이해관계자가 자연스럽게 관심을 가질 수 있고, 이런 관심이 지역사회와 관련된 계획과 의사결정에 대한 참여로 이어지게 되더군요. 지역 주민이 지역의 문제에 대해 피동적으로 요구만 하던 민원인에서 스스로 문제해결에 앞장서는 시민 주권자로 변화하는 것이죠.

한 ─○ 냄새 측정기까지 개발하신 데다가 이미 실사용까지 하셨다니 놀라울 따름입니다. 냄새라는 건 여러 가지 요인으로 발생하는 거고, 만약 지역적 특성상 냄새는 불가피한 곳도 있으리라 예상합니다. 가령, 우리가 집에서 요리를 해 먹으면 음식 냄새에 한동안 노출되어야 하듯이 만약 그러한 산업단지라면 냄새가 난다고 해서 그걸 얼마큼 해결할 수 있을지가 의문이고, 그것을 지도화하는 게 시민에게 어떤 이익인지 모르겠습니다. 그 지역으로 이사 가지

어웨이크닝

않으면 좋다 정도의 정보만 제공할 수 있는 것 아닐까요?

임 ──○ 좋은 궁금증 같습니다. 그와 관련해서는 '마장축산물시장 악취 커맵' 사례를 들어볼 수 있습니다. 마장축산물시장은 1960년 대 형성된 곳으로, 약 11만 제곱미터 규모로 1만여 명의 도축 도소 매업 종사자들이 근무하는 일터이자, 연간 200만 명의 관광객이 방문하는 명소입니다. 마장축산물시장은 외지인들에게는 '명물' 대접을 받지만 정작 마장동 주민들에겐 낙후된 주변 환경, 시장에 서 나온 오수와 악취문제로 생활에 불편을 주는 요소입니다.

정부가 이를 해결하려고 악취를 관리하는 데에 여러 노력을 기 울였지만 악취와 관련한 민원은 계속 늘어났습니다. 그래서 악취 데이터 구축을 기반으로 해 이 문제를 해결하고자 2019년 8월부 터 11월까지 약 3개월간 커맵이 진행되었습니다. 마장축산물시장 악취지도 플랫폼을 구축하고, 주민과 상인이 참여해 악취를 측정 하는 동시에 지도를 제작했습니다.

주민들이 주관적으로 느끼는 냄새와 객관적으로 측정되는 악취, 기후 및 온도 등 환경적 요인에 대한 데이터를 종합적으로 비교 분 석해 사람들이 악취를 느끼는 요인과 환경을 예측해 대응하는 것 을 목표로 삼았습니다. 환경부에서 규정한 객관적인 악취 관리기 준들이 있지만, 냄새 유발 요소의 조합과 냄새를 맡은 시점의 기후 및 환경(바람, 습도, 기압)에 따라 주관적으로 느끼는 악취의 수준이 다를 수 있죠. 그래서 사람들이 주관적으로 느끼는 냄새와 실제 객관적으로 측정되는 악취, 기후, 온도 등 환경적인 요인들에 대한 복합적인 데이터를 비교분석해 어떤 요인과 환경에서 사람들이 주관적으로 냄새를 긍정적 또는 부정적으로 느끼는지 예측하는 모델이 필요했거든요.

지도를 본격적으로 제작하기 전에 사전회의를 통해 사업의 방향 및 범례, 주민참여자 구성 등에 대해 논의했고, 마장동 상인과 주민 분과를 구성해 주관적 냄새와 객관적 냄새를 매핑하는 것으로 사업 방향을 정했습니다. 먼저 냄새 데이터 정보를 수집할 수 있는 온라인 지도 플랫폼을 구축해 웹페이지와 입력용 매플러 앱 계정을 제공했습니다.

2019년 10월 8일에는 본격적으로 마장축산물시장 악취 커맵 워크숍을 진행했습니다. 마장동 지역 주민, SEN 동아리 학생, 도시재생 센터 및 서울시 담당 주무관을 대상으로 커맵과 악취지도의 취지를 소개하고 데이터 입력방법을 설명했습니다. 교육 이후에는 6개로 조를 나눠 3개 구역에 대한 악취 매핑을 실시했고, 참여자들은 주관적으로 느끼는 악취를 온라인 지도에 기록하고 그 결과를 함께 나누는 시간을 가졌습니다. 마장동 악취 커맵을 추진한 결과, 1시간 동안 총 97개의 포인트가 매핑되었고 41.2퍼센트인

40곳에서 냄새가 심한 것으로 나타났습니다. 악취 민감도에 있어서는 83.5퍼센트가 악취문제에 대해 감지하고 있었으며, 악취 원인으로는 고기, 내장, 핏물, 오물, 하수구 등이 있었습니다. 또 성별로는 남성보다 여성이, 30대 이하가 주관적 냄새에 민감한 것으로 나타났습니다.

원론적이고 추상적인 수준이지만, 질문에 대한 제 대답은 이렇습니다. 마장동 악취 커뮤니티매핑은 악취에 대한 주관적 데이터와 객관적 데이터의 상관관계를 비교분석할 수 있는 기반을 마련했습니다. 냄새를 매핑했다고 해서 당장 냄새가 사라지는 것은 분명 아니겠지만, 이렇게 모인 자료가 앞으로 도시재생사업으로 개선된 사항들에 대해 정량화할 수 있는 근거가 될 것이고, 악취 제거 활동에 대해 사후평가를 할 때 기초자료로 쓰일 수 있겠죠. 더 나아가 커뮤니티매핑 과정에 지역 주민이 참여함으로 악취의 복합성에 대한 주민들의 이해 폭이 넓어질 수 있고, 이게 민원 감소로 이어질 수 있을 겁니다. 또한 악취에 대한 서로 다른 견해를 외부인과 지역 주민들이 공유하고 참고함으로써 문제를 보완하며 해결해가는 데 도움이 될 수 있을 테고요. 실상을 알고 해결방안을 모색하는 쪽이 지레짐작으로 개선책을 내는 것보다 확실히 낫지 않겠습니까.

한 ——○ 냄새나 미세먼지 같은 개인이 해결 가능하리라고 생각지 못했던 사태에 이렇게 실질적으로 접근한 사례를 들어보지 못했던 것 같습니다. 큰 기업도 못 하는 일을 고작 몇 명이 시도하고 해내고 있다는 사실이 놀랍습니다. 인간의 삶에서 위험이라고 하면 단순히 자연재해, 전쟁 같은 큰일만 생각했는데 위험은 우리 주변 환경 곳곳에 있기도 하고, 박사님이 하시는 말씀을 듣다 보니 기후 변화 같은 애서 외면했던 자연재해도 포함이 되는 것 같아요. 그런 것들을 세분해서 일일이 매핑하고, 그렇게 탄생한 앱들을 사람들이 일상에서 적극적으로 활용한다면, 자기 삶이 안전해지고 편해지는 거군요. 흔히 눈에 띄는 사소하게 느껴지는 주유소 같은 편의시설이 재난 시에는 희귀해지는 상황 자체가 굉장히 와닿습니다. 커맵 활동에 참여하는 자체가 나에게 이익인 거네요. 우리나라 고용노동부가 2021년 4월에 발표한 자료에 따르면, 최근 10년 동안(2011~2020년) 정화조 작업과 같은 현장에서 발생한 195건의 질식 재해에서 질식한 인원은 총 316명이었는데 그중 절반이 넘는 168명(53.2퍼센트)이 사망했다는 것으로 보아 상당히 치명적인 재해였던 것으로 보여요. 일반적인 사고성 재해의 경우, 재해자 가운데 사망자가 차지하는 비중이 1.1퍼센트인 점을 고려하면 질식 사고의 사망률이 꽤 높은 편이네요. 커맵을 활용한다면 이런 인재를 어느 정도 사전에 예방할 수 있을 것 같다는 생각이 들어요.

지금까지 시민의 안전을 위협하는 요소를 매핑한 사례들을 중심

으로 들어보았습니다. 그렇다면 이제 반대 사례도 들어보면 좋을
듯합니다.

3장

아름다움을
매핑하다

01

시민의 편의를 도모하고
민주주의 발전에 동참하다

내가 사는 지역의 가치에 눈뜨다

한 ——。 아름다움을 매핑한다는 말은 듣기만 해도 기분이 좋아지는 표현이 아닌가 싶습니다. 하지만 '아름다움'이라는 말은 굉장히 추상적이지요. 임 박사님이 생각하는 아름다움이란 무엇인지 듣고 싶습니다.

임 ——。 사람들은 아름다움을 보기 위해서는 멀리 떠나야 한다고 생각하죠. 여행을 가는 여러 이유 중 하나는 일상에서 흔히 보지 못한 아름다운 풍경 속에 있고 싶은 이유도 있다고 생각합니다. 물론 그것도 맞는 말이지만, 아름다움이란 이미 나와 아주 가까운 곳에도 있지 않을까요. 도처에 있는 셈이지요. 내가 사는 동네도 눈을 크게 뜨고 살펴보면 아름답다고 할 수 있는 것이 많습니다. 다시 말해 저는 아름다움이란 관점을 달리 하면 나를 둘러싼 모든 환경 속에 있는 것이라고 정의하고 싶습니다.

한 ──° 네, 저도 산책하는 걸 무척 좋아하는데요, 천천히 걷다 보면 어제는 보이지 않던 사물이나 풍경이 눈에 들어올 때가 있어요. 그러면 익숙한 길인데도 순간적으로 굉장히 낯섦을 느끼고 감탄하게 됩니다. 익숙함과 낯섦 사이에서 많은 감정과 생각이 피어오르더라고요. 사람들이 흔히 하는 말 중에, 소중한 건 가까이에 있다고들 하는데 그런 의미로 이해해도 될까요? 그렇다면, 이런 취지를 살린 매핑 프로젝트로는 무엇이 있을까요?

임 ──° 가장 먼저 생각나는 건 2018년에 진행했던 '삼양동 햇빛마을 커맵'입니다. 삼양동 주민과 삼양초등학교 학생들이 함께한 사업이었어요. 당시 서울특별시도시재생지원센터에 초대받아서 커맵에 대한 소개 형식의 강의를 했었죠. 그후 만든 첫 번째 사례가 삼양동 햇빛마을 커맵입니다. 삼양동이 어디인지 모르시죠? 아마

어웨이크닝

이렇게 말씀드리면 바로 아실 것 같아요. 전 서울시장이 옥탑방 거주 체험을 했던 동네가 바로 이 삼양동이었죠. 매핑을 진행하려던 당시 햇빛마을의 상황은 조금 특수했어요. 햇빛마을은 주거환경개선 지구로 선정되어 용역사와 주민들이 수차례 워크숍 및 관련 활동을 진행해 이미 도시재생 절차에서 초기를 지난 상황이었습니다. 이를 위한 주민협의체도 만들어져 있었지요. 이 시점에서 저희 센터가 할 수 있는 일이 무엇일지 고민해보았죠. 마침 회의를 통해 지역 주민들이 개발로 인해 무형 자산이 유실될까 우려하고 있다는 사실을 알게 되었어요. 그래서 저희는 2018년 겨울, 주민, 삼양초 4학년 학생, 동북 4구 도시재생협력지원센터 직원들과 함께 지역의 무형 자산을 보존하기 위한 커맵을 진행하게 되었습니다.

2018년 11월 16일, 삼양초등학교 4학년 친구들은 커맵을 통해 햇빛마을 지역을 탐방했습니다. 총 21명의 학생들이 한 시간 동안 89개의 포인트를 매핑하면서 그동안 잘 알지 못했던 자신들이 살던 동네에 대한 지식을 키우는 계기가 되었습니다. 이를 바탕으로 2018년 12월 20일 목요일, 마을에서 오랫동안 살아오신 어르신들을 모시고 사라져가는 마을의 구전을 직접 듣고, 지역 어르신과 함께 온라인 지도에 기록하는 활동을 진행했습니다. 어르신들과 만나 이야기를 나누는 과정에서 학생들은 지역의 소중한 자산들을 발견할 수 있었죠. 참여했던 분들의 소감 가운데 몇 개만 읽어보

—● 삼양동 햇빛마을 커뮤니티매핑 활동 중인 학생들과 선생님.

—● 삼양동 햇빛마을에서 35년 산 어르신이 어린이들의 수업 시간에 마을 역사를 이야기해주는 모습.

—• 삼양동 햇빛마을 내 커맵을 하는 활동가와 자원봉사자들.

—• 삼양동 햇빛마을 '동네한바퀴' 앱을 활성화하여 커뮤니티매핑하는 모습.

―● 삼양동 햇빛마을 커뮤니티매핑을 하러 나가는 학생들과 선생님의 모습.

겠습니다. 우선 동네 어르신들의 참여 소감입니다. 그대로 읽어드리는 편이 더 생생히 전달될 것 같아요.

· 아이들은 우리 마을의 미래라고 생각합니다. 이 건강하고 아름다운 후배 어린이들을 만나서 기쁩니다. 내가 어려서부터 지금까지 살아온 50여 년간의 이야기로 과거가 미래를 비추어주는 거울이 될 수 있다는 것을 우리 후배들과의 만남을 통해 생각하는 계기가 되었습니다. (임우택 선생님)

· 그간 마을에서 어린이들을 접할 기회가 없었습니다. 주로 어른들과 마을 일을 논의했는데, 오늘 이런 기회를 통해 어린이들도 마을의 구성원임을 생각하게 되었고, 어린이들도 마을을 좀 더 만들어가는 하나의 주체로 생각하는 장을 만들어야겠다고 생각하게 되었습니다. (권용수 선생님)

삼양초 커뮤니티매핑 관련된 어린이들의 소감도 같이 들어보시면 좋을 것 같습니다. 미세먼지 커뮤니티매핑 후에 간략히 소감문을 작성했는데요, 저는 어린이들이 쓴 소감문을 읽고 특별히 더 행복하고 큰 보람을 느꼈습니다. 어린이들 소감문은 조금 많은데 같이 들어주시면 좋겠습니다.

· 안녕하세요. 저는 6학년 4반 성다은이에요. 어제 커뮤니티매 핑한 거 정말 재미있었어요. 저는 처음에 미세먼지 측정기를 보고 사신 건 줄 알았는데 만드셨다고 해서 깜짝 놀랐어요. 그리고 측정하시는 것도 신기하고 재밌었어요. 미국에서 한국까지 오시는 게 많이 힘드셨을 텐데 우리 반에 오셔서 같이 수업해주셔서 감사해요. 그리고 어제 많은 시간을 임완수 교수님과 수업해서 좋았어요. 임완수 교수님이 우리 반에 또 와주셨으면 좋겠네요. 그리고 측정기가 온도, 습도 등등을 알려주는 게 신기했어요. 그리고 기록할 때, 바람 때문에 숫자가 계속 바뀌어서 헷갈렸어요. 제일 좋았던 것은 이곳저곳 돌아다니며 측정하니까 재미있었어요. 임완수 교수님이 가셔야 할 때 뭔가 아쉬웠지만, 다음에 또 같이 수업하고 싶어요. 임완수 교수님 건강하셔야 해요!

· 안녕하세요. 6학년 4반 이혜원입니다. 커뮤니티매핑을 만들어서 사람들을 편리하게 해주신 점이 너무 멋져요. 만드신 앱을 보았을 때 너무 좋아 보여서 제가 직접 사용해보고 싶더라고요. 언젠가 사용해보려고 해요. 이번에 신기한 물건을 가져오셨는데 처음에는 시계인 줄 알았지만 임완수 선생님이 직접 만드신 미세먼지 측정기라 해서 놀랐어요. 레이저를 쏴서 벽에 보이는

어웨이크닝

미세먼지의 그림자 개수를 세서 측정한다는 점에 큰 감명을 받았고 온도와 습도까지 나와서 유용한 것 같아요! 그걸로 직접 측정해보아 좋았어요! 직접 커뮤니티매핑을 해서 좋기도 했고요. 학교를 돌아다니며 온도를 측정해 의견을 모으고 나니 정말 뿌듯했어요. 재미도 있어서 나중에 다른 장소에서 임완수 선생님과 함께 커뮤니티매핑을 하면 좋을 것 같아요. 감사합니다.

· 안녕하세요. 조준성이라고 합니다. 미세먼지 측정 기계로 한 수업은 정말 신기하고 재밌고 저에겐 새로운 경험이었습니다. 그리고 미세먼지에 대해 알려주시고 재미있게 수업해주셔서 감사합니다.

· 안녕하세요. 김혜민입니다. 사실 저는 미세먼지에 대해 잘 알지 못했고, 음식을 하면서도 미세먼지가 나오는지 몰랐어요. 그런데 임완수 선생님께서 열심히 설명해주신 덕분에 알았습니다. 감사해요! 다음에 미세먼지 키트를 만들 거라 생각하니 기대되어요. 미세먼지 키트를 사용하고 들었던 생각: 세상 참~ 좋아졌다.

· 안녕하세요. 박시원이라고 합니다. 미세먼지 측정기 최고였습

니다. 미세먼지 측정할 때 같이 해서 좋았어요. 3층 과학실 앞에 문 있는 곳에 미세먼지가 생각보다 엄청 많아서 충격이…. 측정기가 있어서 다행히 미세먼지가 얼마나 많은지 잴 수 있어서 좋았는데 남자애가 계속 재서 직접 못 재봤지만(T.T) 그래도 할 수 있어서 좋았습니다.

· 안녕하세요. 저는 오승재라고 합니다. 어제 미세먼지 수업 잘 받았고 유익한 시간이 된 것 같습니다. 저는 미세먼지가 별로 몸에 영향을 끼치지 않는 줄 알았습니다. 하지만 선생님의 수업으로 알게 된 점이 많았습니다.

· 안녕하세요. 저는 김가빈입니다. 미세먼지가 코 말고도 피부로 들어와서 혈관을 돌아다닌다는 말과 나무가 미세먼지를 빨아들이긴 하지만 별로 효과가 없다는 것은 처음 들었어요. 가져오신 기계를 보고 직접 사거나 누군가가 준 기계인 줄 알았는데 임완수 선생님이 직접 만드셨다는 것이 너무 신기했어요. 그리고 그 기계가 미세먼지만 측정하는 게 아니라 습도, 온도를 잴 수 있다는 것을 알아서 너무 신기했습니다. 그 기계로 직접 여러 곳곳을 측정해보면서 이런 것을 만드느라 힘드셨겠구나라는 생각이 들었어요.

어웨이크닝

· 안녕하세요. 김명규입니다. 어제 미세먼지 측정 너무 재미있었어요. 창문을 열어두면 미세먼지가 들어와 PM10과 PM2.5로 많이 나온 것 같습니다. 선생님께서 미세먼지를 없애려면 정글을 만들어야만 미세먼지를 많이 줄일 수 있다는 말이 저한테는 엄청 재미있었습니다. 미세먼지 교육이 우리한테 도움이 되었습니다. 다음에 오실 때 미세먼지 기계를 우리 6학년 4반과 만들어보고 싶다고 하셨는데, 그 시간이 빨리 왔으면 좋겠습니다. 미세먼지 교육 때문에 배운 사실들을 가족들한테 말을 해서 더욱더 미세먼지를 예방할 수 있게 하겠습니다.

· 한성현입니다. 미세먼지 측정기, 솔직히 말하면 알람시계 같았습니다. 새로운 사실까지 알려주셔서 감사합니다.

· 오종현입니다. 어제 많은 것을 배웠습니다. 미세먼지가 얼마나 작은지, 나무가 미세먼지를 얼마나 빨아들이는지, 미세먼지는 어디에서 어떻게 생기는지 잘 알게 되었습니다. 이번에 가져온 미세먼지 측정기와 같은 발명품을 다음에도 가져와주시면 좋겠습니다.

· 강민준입니다. 커뮤니티매핑이 필요하지 않은 것이라고 생각

했는데 막상 생활에 필요하다는 것을 알게 되었어요. 그리고 어제 미세먼지 측정기는 너무 신기했어요. 나무가 있는 쪽에도 미세먼지가 많다는 것을 알고 놀랐어요. 어제 수업 엄청 재미있었어요.

한 ──○ 반응이 대단하군요. 우리의 대담 초기에 커맵의 효과 중 하나가 세대 간 교류라고 하셨는데요, 이 사례를 들으니 확실하게 알겠네요. 요즘 세대 간의 갈등이 심합니다. 저는 가끔 2000년대 초반에 일본에서 단카이 세대(1947~1949년에 태어난 베이비붐 세대)와 그 자식 세대인 단카이 주니어 세대의 갈등이 심하던 모습이 떠오릅니다. 잠깐 제 분야와 관련된 이야기를 하자면 〈책과 컴퓨터〉 총괄 편집장이셨던 쓰노 가이타로 선생은 "단카이 주니어 세대는 부모 세대인 단카이 세대가 부와 명예를 모두 독점하는 바람에 자신들이 힘들게 산다며 한 사무실에서는 상사에게 말도 걸지 않는다"고 했습니다. 어쩌면 지금 우리에게도 그런 갈등이 드러나지 않는가 싶습니다. 어쩌면 고성장을 한 번도 경험하지 못한 젊은 세대는 세상 모든 문제의 책임을 부모 세대에게 떠넘기고 있는 것이 아닐까 싶습니다. 그래서 저는 되도록 젊은 세대가 상상을 발휘할 수 있도록 도와야 한다고 생각하고 실제로 실천하려고 노력하고 있습니다.

올바른 사업 하나가 사회 문제 몇 가지를 해결하는 데에 기여할 수 있는 것 같습니다. 삼양동 사례에서는 무형 자산을 보존하고자 했던 주민들의 생각이 저에게도 깊은 인상을 주는데요, 지역마다 특징이 있지 않겠습니까. 미군들이 대거 거주했던 이태원, 공장이 많이 있었던 문래동, 쓰레기 매립장이 있었던 난지도 등은 나름의 특수성이 있을 것입니다. 삼양동은 어떤 특수성이 있었기에 무형 자산을 보존하고자 했을까요?

임 ──∘ 삼양동은 '삼각산 양지바른 동네'라는 뜻으로, 삼양동에는 한국전쟁이 끝나고 4년이 지난 1957년, 고향으로 돌아가지 못한 피난민들을 위한 연립주택들이 형성되었다고 합니다. 전쟁 이후 안정되면서 집 없는 사람들이 집을 짓고 살 수 있도록 허락해준 지역이 삼양동이며, 경제적 기반이 없는 피난민들이 대거 몰려들었기에 자연스럽게 경제적으로 어려운 사람들이 많았다고 합니다. 이 동네에 자리잡고 있는 삼각산은 엄홍길 대장이 인정한 명산 중 하나로 귀중한 산이고, 이 산속에 좋은 기운이 흐르고 있어 훗날 삼양초 학생 중 세계적인 사람이 나올 것이라는 기분 좋은 덕담도 들었습니다.

또, 동네에 위치하고 있었던 삼양시장은 어려움을 이겨내며 살아가던 사람들이 모이던 곳이라 그 추억이 매우 소중하다고도 하셨습니다. 그 밖에 지금은 존재하지 않지만 길음교회에서 매일 아침을 깨워주던 오래된 종탑, 교회 아래로 꺾어지는 곳에 있었던 공중변소, 학교 옆 공동묘지, 삼양극장에 대한 이야기를 들으며 아이들은 지역이 형성된 과정, 지역에 터를 잡으며 열심히 살아온 어른들의 삶을 접했습니다.

어르신들은 햇빛마을의 자랑거리를 묻는 질문에 꼬불꼬불한 골목길의 탄생이라고 말씀하셨습니다. 신도시와 같이 계획적으로 주거지가 생겼다면 길이 반듯하겠지만, 자연발생적으로 형성된 주거지 환경으로 인해 꼬불꼬불 좁은 골목들이 생겨난 것이라고 말씀하셨습니다. 자고 나면 집이 2~3채씩 생겨났던 시절이 있었다고 합니다. 집 간격이 매우 좁아 불편하다고 생각할 수 있지만, 사람들이 함께 어울려 살아갈 수 있기 때문에 그 어떤 동네보다 사람과의 관계가 가까운 곳이 햇빛마을이라고도 하셨습니다.

학생들은 어르신들과의 인터뷰를 통해 길음교회의 종탑, 사람들이 집을 스스로 짓고 살았다는 것, 공동화장실이 있었다는 것, 롯데마트 쪽에 삼양시장이 있었다는 것 등을 매우 신기해했으며, 모두가 힘들었지만 '주민 간의 소통과 협력이 어려운 환경을 이겨낼 수 있도록 하지 않았을까' 하는 생각이 들었다고 했습니다. 지역의 어른이 구술사를 통해 아이들과 소통하고, 햇빛마을에 대한 문화자산과 역사를 스토리텔링하고 지도에 기록하는 과정을 통해 지역

어웨이크닝

안의 세대 간 공감이 자리하는 시간이었습니다.

초등학교 아이들의 옛이야기 커맵과 어르신들의 지금은 사라진 채 잊혀가는 지역 유산 매핑에 이어 2018년 12월 22일 토요일, 햇빛마을 주민과 자원봉사자들은 삼양동 햇빛마을 지역 자산 조사 커맵에 나섰습니다. 커맵을 통해 삼양동의 지역 자산을 조사하고 이와 더불어 향후 서울시가 도시재생사업을 추진할 때 커맵을 확대 적용할 수 있을지 가능성도 함께 확인하고자 하는 시간이었습니다.

햇빛마을 사랑방에 모인 지역 주민과 자원봉사자를 대상으로 커맵에 대한 간략한 소개, 매플러 사용법 교육 및 실습을 진행한 후 조별로 나누어 햇빛마을 '동네 한 바퀴' 커맵 활동에 나섰습니다. 주민들은 동네 한 바퀴를 돌며 지역에 대해 잠재적으로 알고 있었던 내용을 매핑했습니다. 약 두 시간 동안 신기한 곳, 아름다운 곳, 오래된 곳, 보기 싫은 곳, 위험한 곳 등 지역의 현황에 대한 데이터 총 135개를 파악해 마을의 중요한 자산과 숨은 현안에 대해 확인했습니다. 이러한 매핑을 통해 주민들의 생각이 담긴 지역의 유무형 자산을 조사할 수 있었습니다. 동시에 주민참여 및 주민의 역량을 강화해 주민 간 커뮤니티를 강화하고 마을에 대한 애착심을 높이며 세대 간의 공감을 이끌어낼 수 있었다고 저는 생각합니다.

또한, 삼양동 햇빛마을 지역이 서울형 저층 주거 도시재생 모델이라고 알고 있는데, 이런 과정을 통해 모인 주민들의 생각이 반영된 데이터가 도시재생 과정 및 정책 결정 과정에 사용될 수도 있을 겁니다.

상가의 수익을 제고하고 소비자의 편의를 매핑하다

한 ——○ 커뮤니티를 매핑한다는 이 한 가지 시스템으로, 전 세대가 소통해 유무형 자산이 사라지지 않도록 기록 및 보존하고, 지역 내의 안전을 강화하고, 소속감을 키워 공동체 의식을 함양하는 동시에 하릴없이 매일 시간만 보내시던 어르신들에게는 유의미한 일을 하게 함으로써 노년에 삶의 의미를 느끼게 해주는 등 아주 효과가 큰 것 같습니다. 이 매핑이라는 게 들을수록 우리 생활, 인간 사회 전반에 걸쳐서 적용하지 못할 분야가 없다는 생각이 듭니다. 그야말로 '아름다움을 매핑한다'는 취지에 걸맞은 사업이고, 그에 걸맞은 결과를 끌어냈다는 생각이 드는군요. 아름다움을 매핑한 또 다른 사례, 즉 삼양동 햇빛마을과는 다른 방향에서 접근한 사례가 있다면 듣고 싶습니다.

임 ——○ 이런저런 사업이 많이 진행되었지만, '용산 와이 밸리

Y-valley 커맵'을 예로 들어볼 수 있겠네요. 용산전자상가는 서울시에서 추진되고 있는 경제기반형 거버넌스 활성화 사업에 선정되어 사업을 추진하고 있었지만 주민들의 의견이 반영되지 않아 민원이 많이 들어왔다고 합니다. 부정적인 피드백이 더 많이 있었던 거지요. 그래서 좀 더 효과적인 사업을 추진하기 위해 선인상가 내부 지도를 구축하기로 했고, 이를 완성하려고 2018년 12월부터 2019년 5월까지 약 5개월간 커맵을 진행한 겁니다. 이 매핑 프로젝트는 선인상가 상인들의 자발적 참여를 통한 커맵으로 상가정보입력 및 데이터를 구축해 소비자들이 원하는 정보를 제공하고 상호소통이 가능하도록 함으로 상가를 활성화하는 데 목적을 두고 시작되었죠.

1,371개의 크고 작은 점포로 이루어졌던 선인상가의 경우는, 커맵 사이트를 구축해서 복잡한 집합 건축물인 대규모 유통 상가에 지도를 기반으로 한 실시간 상가 정보를 구축하는 프로젝트였습니다.

산업 현황을 분석하고 산업 재생 전략을 도출하기 위한 빅데이터 수집 및 시각화가 가능하며, 상인들이 상점의 정보를 업데이트해 미로 같은 선인상가에서 소비자들이 원하는 상점을 쉽게 찾아 필요한 물품을 구매할 수 있도록 하고 싶었습니다. 또한, 댓글 기능을 통해서 상점과 구매자 간에 정보와 경험을 실시간으로 공유함으로써 상점 홍보 공간 겸 소비자와의 소통 창구로 활용할 수 있도록 할 예정이었죠.

이를 실현하기 위해서 저는 먼저 커맵 서비스를 개발하고 선인상가에 시범적으로 적용해 검증하고 확대할 추진안을 마련했습니다. 그다음에는 상인들의 의견을 반영해 사이트 기본범례와 변수를 설정했고요. 그리고 이걸 바탕으로 선인상가 상인을 대상으로 3일 동안 총 11차례 워크숍을 진행했고, 선인상가 커맵 사이트를 구축한 다음에 커맵을 진행할 사이트의 사용 방법을 안내하기 위해 홍보물을 제작해 배포했습니다. 이렇게 설명드리는 것만으로도 왠지 숨이 차네요.

한 ──◦ 3일 동안 11차례나 워크숍을 했다니, 얼마나 상인들과 협업해 반드시 성공적인 결과를 내고자 했는지가 그대로 전해집니다. 집단지성의 결과로 완성되는 것이 커맵이라는 걸 생각하면 그 취지를 그대로 살려가며 일을 하시지 않았나 싶어요. 그래서 결과는 어땠나요? 무척 궁금하네요.

임 ──◦ 안타깝게도 선인상가 커맵은 사실상 성공하지 못했습니다. 수많은 점포가 위치하고 있는 선인상가 내부에는 어느 가게에서 어떤 물품을 파는지가 정확히 안내되고 있지 않으니까 이걸 데

어웨이크닝

이터베이스로 정리해 매핑하면 소상공인들과 고객들에게 큰 도움이 될 것 같아서 진행했는데, 제가 생각하기엔 상인들이 자발적으로 이끌어가는 프로젝트가 아니었습니다. 담당 기관의 주도로 흐지부지된 것 같은 느낌이 강하게 들었어요. 상인들 또한 자발적으로 참가하는 느낌을 받지 못했습니다. 커맵의 가장 큰 과제는 지역 사람들에게 동기를 부여하면서 참여를 유도하는 것인데, 그 가장 기본적이고 큰 과제가 실현되지 않아 실패한 사례죠. 이 실패로 많이 배웠습니다. 이 사건을 계기로 도시재생은 관 주도 형식이 아닌 시민 개개인의 자발적 참여로 이끌어야 주민을 위한 도시재생이 제대로 진행된다는 생각이 더욱 확고해졌죠.

한 ──。 굉장히 안타깝네요. 사업 진행 과정 설명만 들었을 때에는 몰랐던 사실이에요. 언제나 균형이 가장 중요하다고 생각합니다. 커맵의 효과 중 민관 간의 소통과 협력이 있지만 선인상가 매핑처럼 진행 과정에서 어느 한쪽이 지나치게 주도해버리면 목표한 결과를 다 이루지 못하는 것 같아요. 이건 출판계도 마찬가지입니다. 한국출판문화산업진흥원은 분배정책으로 일관합니다. 사업을 쪼갠 다음 자금을 닭 모이 뿌리듯 나눠주면서 사업을 주도하려 듭니다. 그게 늘 잘되던 사업마저 망치게 만듭니다. 예를 들어 민간에서 잘 수행하던 독서진흥사업을 진흥원에서 주도하면서 '이 작가는 안 돼, 이 책은 안 돼' 하면서 간섭을 했지요. 그 바람에 블랙리스트 사건이 터져서 엄청난 사회적 문제로 비화했습니다. 그런데, 임 박사님 말씀을 듣다 보니 또 한 가지 궁금한 점이 생기네요. 커맵센터가 설립된 지는 약 10여 년이 된 듯한데요, 그전에는 같은 개념의 사업이 추진된 적이 없을까요? 지금의 주제는 아름다움이니, 이 아름다움을 매핑한 사례 중, 센터 설립 전 이야기가 있는지 궁금합니다.

임 ──∘ 물론 있습니다(웃음). 전주에서 진행되었던 커맵 사례를 들어볼게요. 센터가 설립되기 이전에 진행된 프로젝트 중에서는 가장 성공한 사례이지만 삼양동 햇빛마을 매핑과 비교해보면 초라할 정도로 실체가 없는 수준입니다. 저희가 주도한 프로젝트가 아니라 연세대학교의 한 교수님이 도시재생 프로젝트를 진행하시다가 저에게 외주를 맡기셨고, 그 덕에 전주로 가서 간단한 강연을 하고, 전주 내의 대학교인 전북대학교와 전주대학교의 학생들과 함께 커맵을 진행할 수 있었죠. 전주에서 한 커맵을 생각해보면 도시재생보다는 학생들과의 에피소드가 더 많이 떠올라요.

대표적으로 두 명의 학생들이 떠오릅니다. 먼저 한 남학생이 떠오르는데, 아직 그 친구의 나이도 기억나요. 22살의 대학생이었을 겁니다. 커맵을 완료한 뒤의 소감을 각자 발표하는 중이었어요. 순

어웨이크닝

서가 흘러 그 친구의 차례가 되었는데, 갑자기 눈물을 흘리는 겁니다. 당황해서 왜 우냐고 물었더니 이렇게 답하더군요. 본인은 태어나서 지금껏 이 동네에서만 살았는데, 지금까지도 우리 동네가 이렇게 아름다운 곳이었던 걸 몰랐다는 겁니다. 그동안 학교, 도서관, 마트, 목욕탕 등을 오가며 바라보지 못했던 동네의 아름다운 풍경을 이번 매핑을 계기로 많이 발견하게 됐다고 하더라고요. 그다음으로 소감을 발표한 한 학생도 매핑을 통해 동네의 아름다움을 발견했다고 했어요. 우리나라에서는 찾을 수 없었던 아름다움을 찾기 위해 해외여행을 준비 중이었는데, 이제는 그럴 필요성을 느끼지 못하겠다고까지 하더군요. 이 학생들로 인해 저는 커맵을 통해 생겨나는 공공적으로 이용 가능한 데이터도 있겠지만, 이를 진행하는 동안 참가자들이 자연스럽게 지역의 아름다움을 재발견하는 효과도 있다는 것 또한 깨달았어요. 왜, 정치인들도 본인의 동네를 잘 모르다가도 선거철에 유세를 다니다 보니 지역의 아름다움을 깨닫기도 한다잖아요. 쉽게 말하면 뭐 그런 거나 마찬가지죠(웃음).

시민의 편의를 도모해 민주주의 발전에 동참하다

한 ──° 지금까지 들려주신 이야기를 들어보니, 모두 특정 지역에서 거주하거나 경제활동을 하는 이들을 위한 매핑이었던 것 같습니다. 아름다움을 매핑한 사례 중에 혹시 불특정 다수를 대상으로 한 매핑이 있을까요? 지역에 상관없이, 나이에 상관없이 유동인구가 많은 곳을 위한 매핑 같은 것 말이지요. 혹시라도 그러한 매핑 사례가 있다면 들려주시겠어요?

임 ──◦ 유동인구라고 말씀하시니까 2014년이 생각나네요. 광화문 촛불집회 말이에요. 2014년 겨울이었죠. 그 당시 추운 날씨에도 엄청난 인파가 광화문 광장으로 몰려들었던 기억이 납니다. 많은 사람이 한정된 공간에 밀집하게 되면 편의시설이 절실해지잖아요. 그중 화장실 같은 생리현상을 해결할 기본적인 시설은 필수인데, 현장에 가면 어디에 있는지 찾기가 너무 어렵죠. 저는 이런 생각에 그 당시에 몇몇 분의 도움을 받아 광화문 근처에서 쉽게 이용할 수 있는 화장실 등의 편의시설을 매핑했어요. 편의시설을 매핑한다는 건 인간의 삶에 도움이 되는 기본 시설의 위치를 쉽게 찾을 수 있도록 정보를 주는 효과도 있고, 내가 지금 머물고 있는 지역을 다시 한번 살펴보게 된다는 점에서 어떻게 보면 '아름다움'이라는 범주에 포함된다고 생각합니다.

  제가 뉴욕의 화장실 지도 때문에 세상에 많이 알려졌잖아요. 이 프로젝트를 하고 10년이 지나 한국에서 서울 화장실 지도를 또 만들었습니다. 사회공헌 프로젝트 화장실 매핑은 일본의 한 제약사로부터 후원을 받아 진행하게 되었어요. 대장 질환 가운데 크론병이라는 게 있는데요, 가수 윤종신 씨가 이 병에 걸렸다고 해서 사람들에게도 어느 정도 알려진 병입니다. 크론병은 대장에 관련된 질병으로 치료가 불가능하고 평생 관리하는 질환인데, 특히 장염 증상과 유사해서 화장실을 이용하는 데 큰 불편함을 호소합니다. 아마도 화장실을 급하게 찾게 되는 경우가 적잖게 있을 테고요. 그런데 이 제약사가 크론병 신약을 만들었고, 우연한 기회에 커맵과 연결이 되어서 서울시에 있는 화장실 커뮤니티매핑을 진행했습니다.

많은 대학생 자원봉사자들과 이 프로젝트를 같이했습니다. 서울시와 뉴욕시의 화장실은 무엇이 다를까요? 뉴욕은 아직도 화장실 찾기가 힘듭니다. 서울은 사실 공공화장실 찾는다고 앱을 볼 일은 거의 없는 것 같아요. 너무 잘돼 있어요. 일반적으로 공공화장실 말고도, 아주 급하면 그냥 아무 가게나 들어가서 '화장실을 좀 사용해도 될까요?'라고 물어보면 보통은 사용하게 해줄 만큼 화장실 인심이 후하죠.

제가 프랑스 파리에 갔다가 끔찍한 일을 겪은 적이 있습니다. 화장실을 사용해야 되는데 그 어떤 정보로도 화장실을 못 찾겠더라고요. 그래 여러 사람에게 물어물어서 한 가게에 찾아갔는데, 자기네 손님이 아니면 안 된대요. 결국 화장실을 사용하려고 커피랑 아

—● 광화문 촛불집회 당시 편의시설 커뮤니티매핑 애플리케이션.

—● 다케다제약에서 후원을 했던 서울 화장실 커뮤니티매핑 애플리케이션.

어웨이크닝

침 식사를 주문했지요. 뉴욕도 쉽지가 않아요. 요즘 스타벅스에는 대개 화장실이 있지만, 스타벅스 매장 안에 화장실 수가 많지 않기도 하고, 무료로 개방하는 화장실이 많지 않아 기다리는 줄도 길고요. 맥도날드 같은 데서도 보통 손님들만 쓰게 돼 있어요.

그래서 그곳에서는 화장실 지도가 굉장히 필요합니다. 그런데 한국에서는 이 화장실 앱을 만드는 것이나 크론병 관련 캠페인을 하는 것이 너무 좋긴 했지만, 화장실 찾기가 너무 쉬워서 이 프로젝트가 동기에 비해 사용자 활용 측면에서 결과는 그렇게 성공적이지는 않았습니다. 그래도 일반인들에게 크론병을 알리고, 그분들을 배려하는 문화를 알려주는 데서 큰 의미가 있는 매핑이었다고 생각합니다. 그리고 이 프로젝트에서 더 특화된 정보를 제공했습니다. 예를 들면 몰래카메라 없는 안전 화장실 여부, 남녀가 같이 사용하는 화장실인지 여부, 남녀 출입구가 확실하게 분리되어 있는지, 얼마나 깨끗한지 등등 다양한 화장실 정보를 제공하면 관심 있는 분들은 이걸 쓰지 않을까 하는 생각을 해봤습니다.

이 화장실 지도 프로젝트를 하면서 저희가 필수로 장애인접근성 부분을 넣었어요. 한국에서는 장애인접근성 부분을 이렇게 항상 넣는 게 일반적이지 않더라고요. 서울 화장실 지도에는 장애인화장실이 있는지 없는지를 확실하게 매핑했습니다. 요즘은 대개 문제가 없지만, 장애인 화장실이 있더라도 제대로 운영하고 있는지 등도 꼭 확인할 수 있게 했습니다.

한 ──◦ 이제는 커뮤니티매핑이 꽤 알려졌으니 시민들이 직접 제안을 하는 경우도 많을 것 같습니다. 커뮤니티매핑을 시민들의 자발적인 제안으로 다양하게 이루어지는 것이 효과가 클 테니까요. 그런 사례가 있다면 하나만 소개해주시지요.

임 ──◦ 최근에 '착한 상상'이란 프로그램에 제안서를 냈습니다. 제안서에는 아동급식카드를 중심으로 커뮤니티매핑을 통해 사회복지 데이터를 구축하고 공유하자는 제안이 담겨 있었습니다. 코로나19로 인해서 아동급식카드를 받는 학생들이 많아졌답니다. 그런데 이 급식카드를 쓸 수 있는 곳이 거의 편의점뿐이라고 합니다. 왜냐하면 일단 한 끼에 사용할 수 있는 액수가 작다고 합니다. 서울시 같은 경우는 한 번에 쓸 수 있는 돈이 6,000원이고요. 음식점에서는 가맹점에 가입해야 되는데 결제 시스템들이 달라 참여하기가 힘들다더군요. 그래서 제안을 하게 됐다고 합니다.
학생들이 편의점에서만 식사를 때우는 것은 건강에 좋지 않습니다. 그래서 저희가 이 가맹점의 위치나 가격대, 메뉴 같은 여러 가지 정보를 사용자 측면에서 쉽고 편리하게 입력하고 이용할 수 있는 앱으로 플랫폼을 구축하려고 했습니다. 그걸 사용자와 관리자,

가맹점 모두가 활용하고 소통할 수 있게 하려고요. 궁극적으로는 사회복지관에서 제공하는 다양한 서비스를 온라인 지도 위에 올리는 게 목표입니다. 또 사회복지사와 사회복지 분야에서 일하는 분들이 커뮤니티매핑을 알게 하고 이런 것들에 대한 역량을 강화시키려고 했죠.

급식카드를 쓰는 곳을 보니 편의점 사용 비율이 무척 높습니다. 지역별로 확인 방법에 차이가 있고 운영 주체가 지역마다 다르고 정보 업데이트도 실시간이 아니고 일정 기간을 지나서 이뤄진다고 합니다. 그래서 제가 경기도 공공 데이터를 보니까 2021년 2월 데이터를 확인할 수 있더라고요. 지금이 5월인데 말이죠. 서울도 사정이 별반 다르지 않았던 것 같고요. 먼저 아동급식카드 사용자, 사회복지사, 자원봉사자 등에게 이런 이슈를 전문가를 통해서 충분히 교육시키고 또 커뮤니티매핑 활동을 통해서 사용자와 관리자 모두 편하게 사용할 수 있는 서비스를 제공하는 게 중요하다고 생각했습니다. 그래서 저희가 한국여성사회복지사회와 협력해 지역 사회복지관과 사회복지사, 자원봉사자에게 교육시키고 이걸 같이 진행하려고 했던 겁니다.

제가 제안서를 발표하려고 준비하다가 발표 당일에야 새로운 사실 하나를 발견했어요. 서울시에서 한 발표입니다. 전에는 음식점이 가맹점이 되려면 일일이 신청했어야 하는데 서울 시내 1만

8,000여 명의 결식 우려 아동이 균형 잡힌 식사를 할 수 있게 제공하는 꿈나무카드를 서울 시내 13만 개 모든 식당에서 사용할 수 있게 해놨다더라고요. 원래 가맹점이 7,000개쯤 됐는데 이제 주점, 포차, 카페 같은 곳은 제외하고 모든 음식점으로 사용처가 확대된 거죠.

저는 우리도 비슷한 걸 하려던 건데 끝났구나 싶어서 앱을 다운로드해 써봤어요. 앱 출시는 2021년 4월 30일에 되었어요. 앱 이름이 '서울시 꿈나무카드'입니다. 보니까 정말 서울시에 있는 모든 음식점이 다 나온 거예요. 근데 거기에 음식점 이름과 주소밖에 없어요. 서울시 음식점 이름을 다 집어넣을 거면 앱을 만들 필요 없이 아무 음식점에든 가면 되지 않느냐는 생각이 드는 거예요.

저희 사무실 근처에 제가 아는 음식점을 생각해봐도 학생들이 먹을 수 있는 곳이 많지 않아요. 보통 한 끼 식사 비용이 1만 원 넘는 곳인데 학생들이 꿈나무카드로 하루에 쓸 수 있는 게 고작 6,000원이잖아요. 학생들이 어떻게 이런 데 가서 먹어요. 식당 목록 중에 이런 비싼 음식점이 적지 않을 겁니다.

그리고 주점, 포차 등은 목록에 안 넣었지만요, 일반 음식점은 젊은이가 술 먹고 그러는 곳이 많아요. 고깃집도 학생이 갈 수 있는 데가 아닌 거예요. 정보를 꿈나무카드 이용자들이 갈 수 있는 곳만 올리는 게 낫지 13만 개 모두 올려놓으면 학생들이 더 헷갈리지 않

어웨이크닝

을까 하는 생각을 해봤습니다. 그래서 이 앱을 보고는 우리가 프로젝트를 해야겠다는 생각을 했습니다. 커뮤니티매핑은 제공자 중심이 아닌 사용자 중심으로 이뤄지는 것입니다. 이 제안서를 준비하면서 맨 처음에는 큰일 났다 싶었는데 사실을 파악하고서는 하늘이 도왔다는 생각을 했습니다.

커뮤니티매핑도 영리 사업이 될 수 있다

한 ──○ 이렇게 얘기를 들어보니 커맵센터가 정말 많은 프로젝트를 진행한 것 같아요. 프로젝트 규모도 다양해서 이렇게 큰 프로젝트를 어떻게 진행했는지 의아해지기도 합니다. 센터는 어떻게 운영되고 있으며 현황은 어떠한가요?

임 ──○ 사실 저희 센터 이름을 들으면 많은 분이 오해를 하세요. 굉장히 큰 기업일 거라고 생각하지요. 한 소장님께서 방금 말씀하신 대로 프로젝트 규모가 제법 큰 것도 있고, 진행한 사례도 많다 보니 그래요. 그런데 그런 분들이 저희 사무실에 오시면 크게 실망하세요. "이렇게 작은 오피스텔이었단 말이야?" "이 건물 전체가 사옥이 아니라 고작 이 작은 오피스텔 한 칸이라고?" 저 역시 그런 분들의 반응을 보면 실망스럽지요. 왜냐면 그런 분들은 보통 저희의 프로젝트 성과와 의의를 보고 전폭적인 지원을 하고 싶다는 의지를 강하게 표출하셨기 때문에 사무실에서까지 만나 뵙게 되거든요.

그런데 저희가 이렇게 작은 규모로 운영된다는 사실을 알고 난 뒤에는 자연스럽게 멀어지세요. 아마도 선의를 갖고 지원을 생각하셨다기보다는 다른 뜻이 있으셨겠지요. 그래서 처음에 소장님을 뵙고, 이렇게 대담을 통해 책을 내자고 했을 때도 반신반의했습니다. 우리 사무실에 오시면 실망하고, 또 멀어지지 않을까 싶어서요. 그런데 정말 이렇게 대담을 하게 되어서 감개 무량합니다(웃음).

처음 센터를 설립했을 때에는 여섯 명의 스태프가 있었어요. 하지만 아까 말씀드렸듯이 제가 영리 목적으로 이 센터를 운영한 게 아닌 데다가, 한평생을 연구 중심으로 살아온 사람이다 보니 무식하고 용감하게 개인 돈으로 투자는 했지만, 재정적인 한계로 인해 운영이 많이 어려워졌고 지금도 어려운 게 사실입니다. 그래서 절반으로 규모가 줄었어요. 만약 시간을 되돌려 그때로 돌아간다면 아마도 센터를 시작할 생각을 하지 못할 것 같습니다. 대담 초반에 사회정의가 무엇인가를 논하면서도 말씀드렸지만, 다시 하라고 하면 시작하지 못할 것 같습니다. 커맵센터를 운영한다는 게, 이 사업을 한다는 게 어떤 일인 줄 알았더라면 감히 저 정도의 인간이 이 일을 하겠다고 나서지 못할 것 같아요. 그렇다고 후회하는 건 아닙니다. 여전히 이 일은 즐겁고 진행 중인 프로젝트가 많이 있습니다. 다만 센터장으로 있으면서 지속 가능한 운영에 대해서 늘 고민하고 있다는 뜻입니다.

한 ——○ 사실 임 박사님 얘기를 듣고 의아한 점이 있었어요. '아니, 왜 이런 사업적 아이디어로 영리를 추구하지 않았지?' 하는 생각이었습니다. 사업적인 마음가짐으로 커맵을 시작했다면 시쳇말로 장사가 좀 될 것 같았거든요(웃음). 안전 불감증이 사회적 화두이고, 자신의 안전과 직결된다고 생각하면 기획하신 많은 프로젝트를 상품으로 팔아도 팔릴 것 같거든요. 저만 해도 그렇습니다. 사회 운동이다, 독서 운동이다 해서 출판 일을 시작했고, 빚을 내서 사무실을 차리고, 사람들이 보면 저런 책 누가 사나 싶은 책을 내면서 오래 버텼습니다. 그러다 보니 '그래도 팔리는 책으로 수익을 좀 내야 내가 계속 내고자 했던 책을 낼 수 있겠구나, 남들이 보면 저게 팔릴까 싶은 책들을 계속 낼 수 있겠구나' 싶어지더라고요.

문학 시장은 점차 확장되고 있습니다. 인문학은 어떨까요? 과학 기술 혁명 시대가 되면서 인문학의 중심인 문학, 역사, 철학 등 '문사철'에 과학이 추가됐습니다. 저는 인공지능의 역할이 점차 커지면서 인간의 본질을 전환시키는 새로운 인문학의 필요성이 대두

될 것으로 보았습니다. 그래서 곧 '서브컬처' 인문학이 대세가 될 것으로 보았습니다. SF는 단순한 미래 이야기가 아니라 인간의 삶을 근원적으로 상상하는 중요한 수단으로 작동하고 있습니다. 그러나 그런 작품을 이해할 이론적 토대는 아직 일천합니다. 어떤 작품을 어떻게 읽어야 하는지, 읽거나 쓰면서 직시할 주요한 개념이 무언지 알려주는 책은 이제 막 출간되기 시작했습니다. 따라서 인문학 위기의 시대에 서브컬처 인문학은 무한히 확장될 것으로 보았습니다. 그런 확신을 가지고 서브컬처 브랜드인 '요다'를 설립했습니다. 한 온라인 커뮤니티 게시판에서 유명해진 김동식 작가의 『회색 인간』을 비롯해 많은 소설집도 펴내고 있습니다. 다행히도 요다출판사는 상업 출판사인 동시에 출판계에서 선도적인 역할을 하고 있기는 합니다. 김동식 소설가로 인해서 한국 문학, 특히 소설 분야의 판도가 바뀌고 있다고 보거든요. 이러한 흐름이다 보니 다른 중대형 출판사에서도 요다출판사를 벤치마킹하는 사례가 늘고 있습니다. 좋은 흐름이다 싶으면서도 위기의식을 느끼지요. '어떻게 하면 더 앞서 나갈 수 있을까'가 늘 고민입니다.

임 ──° 네, 맞아요. 공감합니다. 실제로 저희 아이디어를 카피해서 상품화하는 곳이 제법 됩니다. 기관에 입찰할 때도 마찬가지예요. 비슷한 아이디어이지만 더 완성도 높은 아이템으로 기관 입찰

어웨이크닝

에 참여해도 결국은 영업을 잘하는 기업이 낙찰을 받거든요. 정권이 바뀔 때마다 인수위에서 커맵에 관련된 이야기가 오간 것으로 압니다. 적지 않은 커맵 관련 입찰공고가 있었음에도 저희는 그런 프로젝트를 딸 수가 없었습니다. 제가 얼마나 영업을 못하는지… 자랑은 아니지만 속상한 순간이 많은 것도 사실입니다.

제가 본격적으로 활동하기 이전에도 '커뮤니티매핑'이란 단어는 있었어요. 그런데 지금 한국에서 커맵 하면 떠오르는 개념을 정립하고 이것을 확산시킨 사람은 저라고 자신할 수 있습니다. 그 이론에 대한 정의도 제가 확립했고요. 아까 제가 영업 능력이 부족하다고 그랬잖아요. 그래도 커맵과 관련된 강연과 워크숍은 많이 진행했어요.

한번은 어떤 분이 제 강의를 들은 뒤 아이디어를 내서 정부의 프로젝트에 제안서를 제출한 적도 있었어요. 솔직히 좀 서운했지요. 제 강의를 듣고 영감을 얻었다면 협업하거나 적어도 사전에 넌지시라도 알려주어야 하는 게 인지상정 아닌가요? 제 속이 좁은 건 아니죠?(웃음)

또 어떤 분은 제가 진행했던 여러 보고서나 강의 내용을 인터넷에서 찾아낸 뒤, 마치 자신의 연구물인 것마냥 포장해 보고서를 작성하기도 하셨어요. 그리고 지자체들을 통해 커맵이 점점 알려지기 시작하고, 여러 가지 잠재력이 있다고 판단했는지 저희 센터의 사이트를 그대로 모방해서 새로운 사이트를 개설한 적도 있었어요. 협업을 하자고 연락이 온다면 얼마든지 할 텐데… 아쉬운 현실이에요.

믿지 못하시겠지만 더 심한 경우도 많았어요. 커맵과 관련된 입찰공고가 나고 한 회사가 사업을 따간 적이 있었어요. 근데 그 입찰된 회사의 자료를 확인해보았더니 저희 센터의 정보를 출처도 없이 사용했더라고요. 황당했죠. 한번은 사업 계획 발표에 제가 쓰던 파워포인트 자료를 무단으로 사용한 것도 모자라 제안서로 제출하는 일도 있었어요.

이러한 사례들을 통해 제가 하고 싶은 말은 커맵은 지도에 여러 명이 그냥 점을 찍어서 데이터를 올리고 그 데이터를 공적으로 쓰는 것으로 끝나는 것이 아니라는 겁니다. 참여하는 사람들의 자발적 참여를 통해 교육과 역량 강화가 일어나야 진정한 커맵이라고 할 수 있죠. 그런데 이런 사회적 기능은 무시한 채 그저 돈벌이 수단으로 커맵을 생각하는 사람들이 있는 것 같아 참 가슴이 아픕니다. 돈 없이 살 수 없는 세상이지만, 너무 심한 상업적 접근은 최대한 자제해주셨으면 좋겠어요(웃음).

한 ——○ 안타까운 현실이네요. 지금이라도 커맵을 상업적인 상품으로 출시해볼 생각은 없나요?

임 ──。 그런 생각도 했었고 실제로도 해봤습니다. 제가 진행한 구글 임팩트 챌린지Google Impact Challenge에서 5억 원의 상금을 받았다고 했지 않습니까? 그때 저희가 진행했던 프로젝트는 장애인을 위한 장벽 없는 세상 지도 만들기였고요. 그때 이용했던 것이 바로 '배프 지도'입니다. 성과를 인정받고 큰 상금까지 받은 좋은 기회였습니다. 아무튼, 이 프로젝트는 2016년에 진행을 시작해서 2018년에 종료되었습니다. 하지만 저희는 배프 지도는 서비스를 종료시키지 않고 그대로 두었죠. 자금 상황이 좋지 않았지만 서버는 유지하고 있었습니다. 물론 이를 바탕으로 새로운 활동을 하려면 추가적인 자금 지출이 필요하니, 간신히 명맥만 유지하고 있었죠. 가끔 장애인 기관이나 복지 기관에서 사용해도 되냐고 물어보는 문의만 들어왔었어요. 그럴 때마다 무료로 사용하시라고 하는 정도였죠. 이런 식으로 수입은 늘지 않는데 고정지출만 늘어나니 당연히 센터가 많이 힘들어졌죠.

이러한 상황에서 갑자기 머릿속에서 번뜩이는 아이디어가 떠올랐어요. 지금껏 문어발식으로 이것저것 다 건드리며 손해만 보고 있는 상황이었으니, 그럴 바에 이 배프 지도를 집중적으로 활용해서 설립 이후 센터가 겪고 있는 고질병인 재정난에서라도 벗어나자는 생각이었죠. 근데 이 지도를 본격적으로 활용하자고는 마음을 먹었지만, 괜찮은 아이디어는 곧바로 떠오르지 않았어요. 그런데 당시 제가 가르치던 학생 중 한 명이 이런 이야기를 하더군요. "박사님, 지속되는 코로나 시국으로 인해 학생들이 봉사 점수를 채울 곳을 찾지 못해 난리입니다. 이럴 때 배프 지도를 스마트폰 앱으로 다운로드하도록 해서 자원봉사를 할 수 있게 하면 좋지 않을까요?" 이 제안을 듣고 저는 말 그대로 이거다 싶어서 곧바로 이 아이디어를 실행에 옮기게 되었습니다.

그런데 생각해보니 학생들이 봉사활동 점수를 올리면 그에 상응하는 봉사 점수를 주어야 하는데 그 일도 인건비가 드는 일 아니겠어요? 안 그래도 재정난에 허덕이는 센터를 생각해보면 꽤 힘든 일이었죠. 그래서 생각해낸 것이 자동으로 봉사 점수를 지급하는 시스템이었어요. 그렇게 해서 개발하게 된 시스템이 '아이 볼룬티어 I Volunteer'라는 프로그램입니다. 이 시스템을 바탕으로 1365 경기도 자원봉사 시스템과 연계해 아이들이 봉사활동을 진행한 후에 올리면, 자원봉사 인증을 할 수 있는 피디에프 파일을 자동으로 제공하게 되었습니다. 지금까지 진행된 내용을 들어보면 상당히 괜찮아 보이지 않나요? 바로 테스트를 해봤죠.

그런데 생각지도 못한 문제가 발생하기 시작했어요. 학생들이 손쉽게 봉사 점수만을 얻어 가기 위해 잘못된 데이터를 대충 올리기 시작한 겁니다. 이런 문제는 약과였어요. 또 무슨 문제점이 발견됐는지 아십니까? 세상에, 어머니들이 아이를 대신해서 봉사를 하는 겁니다. 아이들은 공부하기도 바쁘니 그럴 시간에 본인들이 직접 봉사 시간을 채워주겠다는 목적이셨겠죠. 봉사활동이 가지고 있는 취지를 완전히 산산조각 내는 느낌이었어요. 당연히 저희는 잘못된 데이터나 이런 대리 활동을 발견하면 봉사 점수 발급을 취소하거나 지급하지 않았죠. 그런데 인증을 왜 해주지 않냐며 센터로 학부모들의 항의 전화가 빗발치기 시작했어요. 정말 황당했죠. 안 그래도 최소한의 인력으로 돌아가고 있는 센터였는데, 한가롭게 학부모들의 황당한 항의 전화에 응대할 여력은 없었어요. 결국, 2021년 1월에 봉사 시스템 운영을 중단하게 되었죠. 그래도 정말 의미가 있는 프로젝트라 그해 2월부터 다시 시스템을 운영하고 있습니다.

한 ──° 저라면 그 앱을 어떻게든 팔아서 돈을 모으고 그 돈으로 또 의도했던 일들을 할 것도 같아요. 그런 면에서 임 박사님이 커 맵 사업의 의의와 취지를 얼마큼 철저하게 지켜가는지 알 것 같습니다.

02

평등에 한 걸음 더
다가가는 지름길

지속 가능한 매핑 시스템 구축에 필요한 시민의 참여

한 ──∘ 모든 일이 그러하지만, 초기에 시행착오도 많이 있었던 듯하고, 커맵의 성격상 공공성이 강해 아직 꾸준한 수익으로 이어지는 프로젝트가 부족하다는 인상을 받았습니다. 혹시 과거에 진행했던 매핑 프로젝트 중에 다시 살리고 싶은 건은 없나요?

임 ──∘ 당연히 있습니다. 앞서 말했던 배프 지도를 수정해 재론칭을 하면 어떨까 생각했습니다. 잘못된 데이터 매핑, 학부모의 대리 봉사 등 문제점이 많았으나, 곰곰이 다시 생각해보니 이대로 끝마치기에는 너무 아쉽다는 생각이 들었습니다. 다르게 발상해보면, 이런 부작용이 많이 발생하는 것 또한 수요가 있으니 그런 것 아니겠습니까? 심지어 지금 배프 지도 앱에 9,000여 명이 회원으로 등록되어 있는 상태입니다. 이 회원 수도 우리 센터의 큰 자산이라고 생각했습니다. 문득 데이터 수집이 많아질수록 인공지능을 바탕으로 인도를 오르기 위한 작은 턱 사진만 찍어도 장애인이 갈 수 있나 없나 판단할 수 있는 시스템을 만들 수 있겠다는 생각이 들었죠. 이런 생각을 바탕으로 배프 지도를 재론칭하고 다시 데이터를 모으기 시작했습니다.

재오픈을 하고 운영 중인 상황에서 흥미로운 일도 있었어요. 이름만 들어도 알 법한 기업들에서 저희의 이 시스템을 이용해서 임직원들이 자원봉사를 할 수 있도록 활용하고 싶다며 연락이 온 겁니다. 문제는 이분들은 저희 배프 지도를 무료로 사용하고 싶어 하셨어요. 배프 지도를 운영하는 정도면 저희 센터가 이미 펀딩을 많이 받고, 프로젝트를 성공적으로 진행 중인 것으로 알고 계셨던 거죠. 상당히 당황스러웠어요. 지금은 개인이 사용하는 것은 물론 무료지만, 기관과 같은 단체에서 사용하려면 어느 정도 후원을 해주셔야 한다고 말해놓은 상태입니다. 어떻게 진행될지는 아직 잘 모르겠네요(웃음).

—● '장애인 편의시설 커맵'에서 휠체어를 탄 장애인이 계단 위로 올라갈 수 없는 상황을
담은 모습.

아무튼, 이전까지는 사용자들의 역량 강화, 학생들의 교육과 참
여에만 중점을 두었다면, 이제는 빅데이터까지 중점에 두고 나아
갈 예정입니다. 어떻게 하면 사람들이 자발적으로 데이터를 최대
한 끌어모으게 할 수 있을까, 그리고 모인 방대한 데이터를 바탕으
로 새로우면서 지속 가능한 시스템을 만들어보고 싶은 것이 제 작
은 바람입니다.

어웨이크닝

커뮤니티매핑은 사회 모든 곳에 필요한 프로젝트

한 ──。 박사님과 이야기를 나누다 보니 문득 '싱크홀'과 관련된 매핑을 진행한다면 어떨까 싶은 생각이 드네요. 대책 없는 도시 계획 및 건설로 지반이 약해지고 그로 인해 도심 한가운데에서 싱크홀이 발생하는 사례가 늘고 있지요. 제가 기억하기론 2014년에 석촌동 싱크홀 사건이 발생했는데 롯데월드타워 건설과 석촌호수 물 빠짐 현상과 맞물려 말도 많고 탈도 많았습니다. 이런 사건이 벌어지면 시민들이 공포에 떨기 마련이지요. 미국에도 이런 사례가 있을 법한데, 혹시 싱크홀 지역을 매핑한 사례는 없을까요? 없다면, 가능할까요?

임 ──。 물론 가능합니다. 싱크홀 이야기를 하기 전에 뉴저지에서 있었던 매핑 사례를 먼저 들려드릴게요. 싱크홀과 비슷한 사례거든요. 이것도 같은 해의 일이에요.

  2014년 2월, 미국 뉴저지에 눈이 많이 와서 굉장히 추웠습니다. 그러다 날이 풀리니 새로운 문제가 생겼어요. 포트홀pothole입니다. 눈이 녹으면서 침식 작용이 일어나 움푹 패인 곳들이 생긴 건데, 흔히 길 위에 있는 지뢰밭이라고도 했어요. 저도 차를 타고 몇 번을 포트홀을 지나다가 자동차 타이어가 펑크 날 뻔했답니다. 그래서 저는 또 새롭게 일을 만들었습니다. 포트홀 위치를 지도 위에 사람들이 모을 수 있도록 커뮤니티매핑을 한 것입니다. 크라우드소스를 이용했어요. 포트홀을 발견한 사람들이 이것을 보고 바로 지도 위에 올릴수 있도록 한 것입니다.

한 시간 안에 애플리케이션을 뚝딱 만들었는데, 며칠 만에 포트홀 데이터가 400개가 쌓였어요. 그 뒤로도 계속 데이터가 올라왔고요. 이게 알려지면서 뉴저지 TV 방송에서 이 프로젝트가 소개되고, 또 주요 신문사인 〈스타레저〉에서도 포트홀 매핑을 다루었죠.

이렇게 쌓인 데이터는 여러 방면으로 활용됩니다. 예를 들면 지자체에서 이렇게 모인 데이터를 가지고 좀 더 효율적인 포트홀 관리나 수리를 할 수 있겠지요. 포트홀이 어디 있는지 모르고 다니는 것보다 이렇게 주민이 올린 곳을 보면 미리 계획하고 효율적으로 포트홀 수리를 할 수 있겠지요. 운전자들은 포트홀이 많은 위치를 미리 살펴보고 조심할 수 있고요. 당시는 기획만 했는데요, 스마트폰 안에 있는 움직임 감지 센서로 자동으로 포트홀 위치가 등록되게 하는 앱을 개발하고도 싶었어요. 고유의 움직임을 포착해서 스마트폰의 위치와 그 충격이 있는 곳에 포트홀이 있는 곳을 예측하는 것이지요.

여러 가지 기술이 있지만, 커뮤니티매핑이 집단지성을 바탕으로 하는 만큼 가장 중요한 것은 역시 주민참여입니다. 아무도 참여를

어웨이크닝

하지 않으면 한마디로 무용지물이 되는 것이지요.

당시 뉴욕시 것(mappler.net/nycpothole)도 만들었습니다. 이상한 점은 뉴저지는 400개 이상의 데이터가 올라오는데 뉴욕시 것은 저희가 샘플로 올려논 데이터 외에는 업데이트되는 게 없었어요. 왜 그랬을까요? 일단 홍보를 하지 못한 것이 가장 큰 이유이지만 함께 이런 일을 할 수 있는 커뮤니티가 없었기 때문이지요. 10초의 참여로 세상을 바꿀 수 있는 일인데 뉴욕시에서는 그것이 잘 이루어지지 않아서 많이 아쉬웠습니다.

싱크홀과 관련된 매핑 또한 이전부터 생각하고 있었어요. 싱크홀, 길 위에 있는 지뢰밭이나 마찬가지죠. 조기에 발견되어 처리된다면 다행이지만 그러한 경우는 흔치 않고 한번 발생하면 대형 사고로 이어지는 경우가 많잖아요. 이전에 미국에서 차를 몰고 지나가면서 크고 작은 싱크홀들이 발생해 생긴 피해를 많이 목격하기도 했었고요. 이러한 문제를 매핑으로 예방할 수 있지 않을까 곰곰이 생각해보았습니다. 이제 제가 뭐라고 말할지 예측이 가시죠? 싱크홀을 발견한 사람이 그 즉시 위험하다는 것을 알리는 커맵을 상상했어요. 싱크홀 발생 지역이 매핑되면 기관은 이 정보를 바탕으로 어느 지역에서 지반 침하가 자주 일어나는지 판단이 가능해지고, 시민들 또한 그런 곳을 미리 피해 가거나 경각심을 가지고 지나갈 수 있게 되어 큰 사고를 예방하는 효과가 있지 않을까요? 아, 요새 자주 사용하는 스마트폰 내비게이션 앱에서 매핑된 데이터를 기반으로 싱크홀 위험지역을 알려주는 시스템을 도입해도 좋을 것 같아요. 큰 싱크홀뿐 아니라 작은 지반 침하도 감지할 수 있도록 내비게이션에 센서를 부착해 도로에서 차량으로 전해진 충격 정도를 판단해서 자동으로 위험지역을 매핑하는 시스템도 생각해본 적이 있어요. 물론 아직까진 생각 단계에 머물러 있습니다(웃음).

한 ──° 좋은 아이디어입니다(웃음). 만약 싱크홀을 매핑한 앱이 있다면, 지자체는 물론 시민 개개인에게서 분명 큰 관심을 받게 되지 않을까 생각됩니다. 그리고 제가 출판인이다 보니, 이쪽 주제로도 매핑이 가능하겠다 싶기도 해요. 최근 동네 서점 및 독립서점이 활성화되고 있습니다. 활성화되었다고는 하지만 또 출판계 전반이 어려워지다 보니 빈익빈 부익부가 심해졌어요. 코로나19로 인해서 더욱 그렇지요. 이런 상황에서 동네 서점 매핑이 이루어지면 좋겠다 싶었어요. 서점별로 어떤 책을 보유하고 있는지 앱에서 확인 가능하다면 더 좋지 않을까 싶고요.

임 ──° 그럼요. 저 또한 동네 서점 매핑에 관심이 많습니다. 전부터 관심이 많았어요. 예전에 서울도서관장직을 맡으셨던 이용훈 선생님한테도 한번 말씀드렸었습니다. 그때만 해도 도서관지도가

어웨이크닝

종이로 나왔었지요. 이런 상황에서 사람들이 보다 편리하게 도서관을 찾을 수 있도록 도서관 매핑 사이트를 계획한 적도 있었어요. 하지만 그 당시 홍보 능력이 부족해 흐지부지됐었어요.

그런데 그저 사장시키기엔 너무 좋은 아이디어입니다. 매핑 타깃을 도서관에서 동네 서점으로 바꾸고 조금만 다듬어서 진행한다면 괜찮지 않겠어요? 동네에 위치한 숨겨진 서점을 매핑하고 그 서점에 대한 간단한 소개, 예를 들자면 그 서점에서만 취급하고 있는 희귀한 서적이나 장르를 소개하는 식이 어떨까요? 또, 이 매핑된 데이터를 기반으로 타지에 가도 원하는 콘셉트의 서점에 쉽게 방문할 수 있게 될 것 같네요. 사람들의 독서율과 영세 서점의 수익을 증대시켜주는 부가 효과도 있을 것 같고요. 상상만 해도 흥분되네요.(웃음).

동네책방 매핑이라고 하시니 얼마 전에 했던 문학 관련 매핑이 생각납니다. 박태원의 단편소설「소설가 구보씨의 일일」에 관련된 커뮤니티매핑을 한 적이 있었습니다. 이 작품을 보면 그 안에 장소와 시간이 있잖아요. 이 내용들을 커뮤니티매핑 사이트에 올려본 적이 있어요. 그럼 보는 사람들은 상호작용을 하면서 지도를 보게 되거든요.

옛날부터 시나 소설 속에 언급된 실제 주요 장소와 시간을 매핑하고 싶었어요. 매핑을 하면 그 과정에서 소설과 시 등이 현재 내가 머문 장소와 시간과 겹쳐지는 거잖아요. 예를 들면, 신촌로터리를 딱 누르면 신촌로터리에 관련된 시나 소설의 내용이 나오는 거죠. 그러면 장소별로 어떤 작품들이 있는지 볼 수 있는 거예요. 이런 프로젝트를 상상만 해도 흥분이 됩니다. 이렇게 각각이 올린 정보가 올라가면 소설 속 시공간과 내가 머문 시공간이 연결되면서 굉장히 입체적인 기분을 느끼게 돼요. 그래서 이게 좋은 정보들이 엮이면서 또 새로운 생각들을 하게 하고 또 많은 아이디어를 주지 않을까 하는 게 지금의 제 생각입니다.

한 ──。 긍정적으로 말씀해주시니 출판인으로서 힘이 되네요(웃음). 출판 관계자로서 문학과 커뮤니티매핑을 연결한다는 아이디어도 정말 새롭고 흥미가 갑니다. 이외에, 지금 우리 사회에 절대적으로 커맵이 필요한 분야는 어디라고 생각하세요?

임 ──。 절대적으로 커맵이 필요한 분야가 있다기보단 우선 전반적으로 사회적 가치관이 변해야 한다고 생각해요. 물질 만능주의가 판치는 이 세상에서 적어도 가난하고 교육을 받지 않은 사람도 노력을 하면 가난에서 탈출할 수 있고, 교육을 받을 수 있는 사회를 만드는 것이 가장 중요해요. 이를 위해선 서로의 다름을 인정하고 소통을 통해 공감하고 배려하는 능력을 키우는 것이 중요하겠죠.

이러한 능력을 어려서부터 키워줄 수 있는 시스템이 바로 커맵이라고 생각합니다. 근래에 심각하게 대두되고 있는 환경보호와 연결해 두 마리 토끼를 잡을 수도 있지요.

요즘 4차산업혁명이 진행 중이라며 다들 컴퓨터, 인공지능을 외치며 인간적인 면모는 소홀히 하는 현상이 만연해 있는 것 같아요. 아무리 기술이 발전해도 더불어 살아갈 수 있는 사회를 만들기 위해서는 기술 발전에 이바지하는 똑똑한 사람도 필요하지만, 타인을 배려하고 공감할 줄 아는 시민 또한 필요합니다. 제가 주장하는 커맵의 기능이 바로 이러한 시민의식을 불어넣는 것이고요.

한 ──° 절대적으로 공감하는 바입니다. 기술이 아무리 발전한다 해도 공감과 창의력으로 공동체를 이루고자 하는 시민의 힘을 기술이 대신할 수 없는 법이지요. 이러한 까닭에 미래 사회에서는 배려심과 공감 능력을 바탕으로 한 창의력이 개인의 경쟁력이 되리라 봅니다.

그 밖에 지금 계획 중인 프로젝트나 진행되고 있는 프로젝트, 또 앞으로 계속 진행할 프로젝트가 있나요?

임 ──° 과거에 진행했던 매핑 프로젝트 중에 가장 살리고 싶은 것은 환경 프로젝트예요. 수자원과 관련해서 2007년에 아임리버스IMRIVERS라는 프로젝트를 했다고 앞에서도 말씀드렸는데, 인터랙티브 매핑 리버스Interactvie Mapping Rivers의 준말입니다. 말하자면 강 살리기 운동이죠. 그때만 해도 약 300개에 이르는 수자원보호 환경 단체가 사용했습니다. 대단했습니다. 미국에서 그러다가 관리도 쉽지 않고 제가 이것저것 다른 걸 하느라 좋은 기회를 살리지 못했어요.

지금 한국에서는 당면한 중대 문제 중 하나가 환경, 특히 기후변화나 미세먼지 관련된 게 아닌가 합니다. 환경과 관련해서 모든 일이 일어나고 데이터도 수입되지만 사실 협력해야 되는 것이 많잖아요. 그런 부분들을 의미 있게 하고 싶습니다. 그래서 아임리버스 프로젝트를 살려서 미국에서도 하고 또 한국에서도 다양한 환경 프로젝트를 하면 어떨까 싶습니다. 실제로 저희가 지금 몇 개 만들어서 진행하고 있고요. 앞으로 더 많은 환경 관련 커뮤니티매핑 프로젝트를 저희가 소개할 수 있지 않을까 하는 생각을 해봅니다.

한 ──。 지금까지 커맵의 개념과 의의, 실제 사례들, 진행 중인 프로젝트와 발전이 필요한 혹은 발전이 가능한 분야를 살펴보았습니다. 토마 피케티가 『21세기 자본』을 펴낸 후 세계의 인문적 화두는 불평등입니다. 그런데 불평등은 갈수록 심화하고 있지요. 장담

하건대 인공지능이 모든 질문에 답해주는 시대가 곧 올 것입니다. 요즈음 TV 광고에서는 외출하고 귀가한 뒤 옷을 걸어두기만 하면 자동으로 하루 동안 생활하며 붙은 작은 먼지들까지 제거해주는 기계를 광고하고 있습니다. 미세먼지로 예민한 지금에 걸맞은 기술의 발전이라고 생각합니다. 이처럼 장사하는 사람들은 첨단으로만 갑니다. 다만 그런 신문물들의 혜택을 즉시 누리며 살 수 있는 사람이 몇 퍼센트나 될까요. 나머지는 점점 미궁으로 빠집니다. 결국, 영화에서 그려지는 사회의 최상위 포식자 외에 나머지는 쓰레기 더미에서 사는 것이지요. 가만히 두면 더욱 심화될 것입니다. 그래서 임 박사님이 하고 있는 커맵이라는 시민과학(리빙랩)이 중요하다고 생각합니다. 집단지성에 시민이 참여하는 것 아닙니까? 이 대담이 커맵의 면면을 다 보여줄 수는 없겠지만, 독자들에게 개략적인 소개는 해주지 않았나 싶습니다. 저 역시 커맵을 좀 더 알아보아야겠다는 생각이 듭니다. 커맵과 관련해서 시민사회에 부탁드리고 싶은 이야기가 있을까요? 커맵을 시작하게 된 동기와 의의 측면에서 마지막으로 다시 한번 말씀해주시면 좋겠습니다.

임 ——∘ 제가 커맵을 처음 시작하게 된 계기는 제 전공 중 하나였던 지리 정보 시스템 연구를 진행하면서부터입니다. 그 뒤에 주민 참여형 지리 정보 시스템이란 개념이 나오기 시작했고, 그 개념을 정리하고 현장에서 사용하게 되면서 현재 커뮤니티매핑이라고 부르는 이론이 나오게 된 겁니다. 사실 정확히 이야기하자면 커뮤니티 참여형 지도 만들기community participatory mapping가 더 맞는 표현일 겁니다. 일상생활에서 사용하기엔 어색하죠? 그래서 커뮤니티매핑이라는 단어가 탄생한 겁니다(웃음).

이후 앞서 말했던 아벨 팔로모와 같은, 매핑을 진행하며 저에게 큰 영감을 남겼던 친구들에 의해 지금의 커뮤니티매핑이라는 개념이 완성되기 시작한 거죠. 지리 정보 기술을 이용해 자신의 거주 지역의 문제를 해결하고, 이 과정을 통해 작은 힘이 모여 큰 문제를 해결할 수 있다는 희망을 주는 것이 주목적입니다. 실제로 본인들의 힘으로 지역 환경이 개선되는 것이 육안으로 보이자, 더 적극적으로 돌변한 학생들도 많았습니다. 아이들은 커맵을 진행하며 정보 기술을 배움과 동시에 집단지성이 무엇인지를 배워갔습니다. 이를 보면 충분한 교육적 효과 또한 존재하죠.

한마디로 커맵은 공동체 지도 만들기를 통해 지역의 문제를 같이 발견하고, 해결하는 방법입니다. 더 나은 사회를 위해 앞으로 많은 분들이 더욱 큰 관심을 가져주시고 응원해주시면 좋겠습니다.

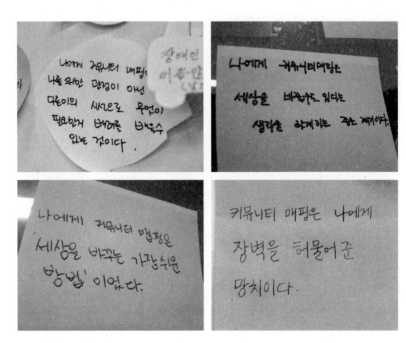

—• 다양한 커뮤니티매핑에 참석했던 참가자들이 자필로 남긴 후기.

4차산업혁명과 커뮤니티매핑에 관련된 이야기를 하고자 합니다. 1차산업혁명은 증기기관, 2차는 전기, 3차는 컴퓨터 인터넷 그렇게 이야기를 하는데, 저는 1, 2차산업혁명은 사실 사람들이 지구 환경을 이용하고 착취하는 형태의 산업혁명이었다고 봅니다. 예를 들어 증기기관과 전기모터를 이용해서 좀 더 빨리 멀리 이동하고, 무엇인가 빨리 채굴하고, 사람의 필요와 편의를 위해서 원자재를 이용해 또 다른 무언가를 만드는 것을 이야기합니다.

3차산업혁명은 컴퓨터와 인터넷 기반의 지식 정보 혁명으로서, 많은 정보의 프로세스와 소통과 관련되어 있습니다. 빅데이터, 인공지능, 초연결에 기반을 둔 4차산업혁명은 사회적, 경제적 변화에 따른 일자리 변화, 기술과 인간의 관계 등 사회 경제에 아주 방대한 변화를 주고 있습니다. 특히 인공지능과 빅데이터 관련해서는 많은 정보 기술 노동자가 필요합니다.

사물인터넷 센서들이 있어서, 거리와 상관없이 실시간으로 데이터가 오가고, 5G의 소통으로 많은 양의 데이터가 짧은 시간 안에 초연결되고, 인공지능을 통해 분석되고, 예측을 위해 활용될 수 있습니다. 빅데이터를 기계학습과 인공지능으로 처리해 사람들이 쉽게 이해할 수 있습니다. 컴퓨터나 인공지능이 없었다면, 코로나 바이러스 대유행에 대응하는 과정에서 지금처럼 코로나 바이러스 DNA 염기서열을 이해해 빠르게 분석하고 대응할 수 없었을 것입니다.

4차산업혁명을 이야기하면서 코딩이 중요하다, 프로그램이 중요하다면서 프로그램만 열심히 가르치는 사람들이 있습니다. 물론 컴퓨터 코딩도 중요합니다. 어떻게 데이터를 분석하는지, 프로그램을 어떻게 구성하는지 이해해야 하니까요. 하지만 저는 이런 프로그램 교육과 이해도 중요하지만, 더 중요한 것은 어떻게 이런 프로그램을 활용할 수 있는지, 어떤 질문을 할 수 있는지, 그 사람이 창의적인 아이디어로 새로운 문제를 찾아내고, 질문하고 문제를 해결할 수 있는 능력이 있는가가 더 중요하다고 생각합니다.

예를 들면, 창의력이란 새로운 발상을 해내는 힘입니다. 혁신은 새로운 방법으로 무언가 개선하는 걸 뜻합니다. 창의적인 아이디어를 발굴하고 혁신을 하려면 끊임없이 새로운 생각을 해야 하는데, 코딩만 하면 많은 사람이 단지 누구 밑에서 일하는 프로그래머가 되지 않을까 우려됩니다.

저는 커뮤니티매핑이 추구하는 가치를 참여, 소통, 공감 그리고 배려라고 생각합니다. 커뮤니티매핑은 궁극적으로 참여와 소통으로 타인과 공감하고, 다른 사람을 배려하는 과정이라 믿고 있습니다. 참여, 소통, 공감, 배려 이 네 가지 가치야말로 4차산업혁명 시대에 중요한 요소라고 믿습니다. 저는 일리노이 주립대학에 교수로 있는 제 후배인 컴퓨터공학과 서경원 교수와 일주일에 한 번씩 만나서 얘기하고 이런저런 지식을 나누고 있습니다. 오픈소스인 '오렌지' 프로그램을 이야기할 기회가 있었는데, 컴퓨터공학 전문가인 그도 이 프로그램으로 기계학습을 하고, 다양한 빅데이터를 이용해 분석할 수 있다는 사실을 처음 알았다고 말했습니다. 그는 오렌지 같은 프로그램 덕분에 컴퓨터공학 전공자, 코딩이나 프로그램 개발자가 아니어도 누구라도 프로그램을 개발할 수 있는 시대가 열렸고, 사회적으로 필요한 프로그램을 만들기 위해서는 어떤 질문을 던지고, 이에 대한 답을 찾아가는 능력이 더욱 중요해졌다고 했습니다.

커뮤니티매핑을 떠올리면 공동체 지도 만들기, 자원봉사를 위해 사람들이 데이터를 만들어 업데이트하는 것을 생각하겠지만 그것이 전부가 아닙니다. 저는 4차산업혁명 시대에 기술을 제대로 이해하고, 사람을 연결해주고, 커뮤니티를 엮어주고, 혁신적인 아이디어로 이 사회의 많은 문제를 개선할 수 있는 리더들이 커뮤니티매핑을 통해서 나올 것을 꿈꿉니다. 커뮤니티매핑을 통해서 배우는 참여, 소통, 공감, 배려가 4차산업혁명 시대에 사회 혁신을 가져올 수 있는 정말 중요한 단어가 아닌가 합니다.

이 책을 출간하는 데에 한기호 소장님의 역할이 컸습니다. 커뮤니티매핑을 좀 더 많은 이에게 알리고 싶다는 순수한 취지 하나로 대담 형식의 원고 진행을 제안해주셨고, 인터뷰어가 되어주셨습니다. 그리고 누구보다 커뮤니티매핑이 지금까지 진행될 수 있게 도와주신 우리 센터의 스태프와 많은 후원자, 동료께 진심으로 감사의 마음을 전합니다. 여러분이 없었다면 커뮤니티매핑은 오늘 여기까지 올 수 없었습니다. 마지막으로, 저를 세상에 있게 해주신 어머니, 아버지께도 사랑과 감사를 전합니다.

2021년 7월

임완수

'커뮤니티매핑센터'를 후원해주세요

비영리 사단법인인 커뮤니티매핑센터는 공익법인지정기부단체로 커뮤니티매핑 교육과 서비스를 통하여 사회혁신을 실천하고 있습니다. 센터의 지속적 운영과 유지를 위해 여러분의 후원이 절실합니다. 보내주신 후원금은 사회혁신을 실천하고 안정적으로 지역을 돕는 많은 교육과 사회 공헌 프로젝트를 제공하는 데 디딤돌이 될 것입니다. 꼭 필요한 곳에 커뮤니티매핑이 활용될 수 있도록 여러분의 적극적인 후원을 기다립니다.

커뮤니티매핑센터 후원에 관해 자세한 정보를 얻기 원하시는 분은 아래 홈페이지에 방문하시면 됩니다.

홈페이지 http://www.cmckorea.org
후원계좌 (기업은행) 020-108449-04-031

어웨이크닝

기술로 사람과 사람을 잇는 커뮤니티매핑 이야기

2021년 7월 12일 1판 1쇄 인쇄
2021년 7월 23일 1판 1쇄 발행

지은이　　임완수, 한기호
펴낸이　　한기호
책임편집　도은숙, 강세윤
편집　　　정안나, 유태선, 염경원, 김미향, 김민지
마케팅　　윤수연
디자인　　북디자인 경놈
경영지원　국순근
펴낸곳　　북바이북
　　　　　　출판등록 2009년 5월 12일 제313-2009-100호
　　　　　　주소 04029 서울시 마포구 동교로 12안길 14(서교동) 삼성빌딩 A동 2층
　　　　　　전화 02-336-5675 팩스 02-337-5347
　　　　　　이메일 kpm@kpm21.co.kr
　　　　　　홈페이지 www.kpm21.co.kr

ISBN 979-11-90812-23-8 03300

· 북바이북은 한국출판마케팅연구소의 임프린트입니다.
· 책값은 뒤표지에 있습니다.